TOP **10**
BERLÍN

CONTENIDOS

4

Descubriendo Berlín

Bienvenido a Berlín	6
Historia de Berlín	8
Top 10 experiencias	12
Itinerarios	14

18

Top 10 Berlín

Lo esencial de Berlín	20
Puerta de Brandeburgo y Pariser Platz	22
Reichstag	24
Unter den Linden	26
Potsdamer Platz	30
Museumsinsel	34
Kurfürstendamm	38
Kaiser-Wilhelm-Gedächtnis-Kirche	40
Schloss Charlottenburg	42
Kulturforum	46
Jüdisches Museum Berlin	50

52

Lo mejor de Berlín

Museos	54
Colecciones de arte	56
Iglesias y sinagogas	58
Edificios históricos	60
Edificios modernos	62
Berlineses famosos	64
Parques y jardines	66
Barrios destacables	68
Berlín en familia	70
Artes escénicas	72
Berlín para LGTBIQ+	74
Bares y discotecas	76
Kneipen (tabernas) y bares	78
Comida local	80
Tiendas y mercados	82
Berlín gratis	84
Festivales y eventos	86

88

Recorridos

Centro de Berlín: Unter den Linden	90
Centro de Berlín: Scheunenviertel	100
Centro de Berlín: en torno a Alexanderplatz	108
Tiergarten y el Distrito Federal	116
Charlottenburg y Spandau	122
Kreuzberg, Schöneberg y Neukölln	132
Prenzlauer Berg	140
Sureste de Berlín	146
Grunewald y Dahlem	152
Potsdam y Sanssouci	158

164

Datos útiles

Cómo llegar y moverse	166	Índice	178
Información práctica	170	Frases útiles	187
Dónde alojarse	174	Agradecimientos	190

BERLÍN

DESCUBRIENDO

Bienvenido a Berlín	6
Historia de Berlín	8
Top 10 experiencias	12
Itinerarios	14

La torre de la televisión de Berlín, en Mitte

BIENVENIDO A
BERLÍN

Histórica, vanguardista y multicultural: así es Berlín. En un solo día se pueden contemplar obras de arte famosas, descubrir monumentos y salir de fiesta en las mejores discotecas de Europa. No te pierdas nada. Disfruta de lo mejor de la ciudad con la ayuda de la guía Top 10 Berlín.

Pocas ciudades del mundo pueden rivalizar con Berlín en oferta cultural. El espíritu moderno y vibrante de la capital alemana se refleja en el arte callejero y en sus discotecas, mientras que sus museos y monumentos históricos enlazan con su turbulento pasado. Y es que la historia ha dejado una profunda huella en esta ciudad. Todo viajero puede contemplar las consecuencias de las guerras mundiales y de los años en los que el este y el oeste estuvieron divididos, ya sea a través de la historia judío-alemana en el Jüdisches Museum, caminando por la cúpula transparente del Reichstag o

Descansando junto al río Spree

impregnándose de la anarquía de la East Side Gallery (una parte del Muro de Berlín tomada por los artistas del grafiti). Para viajar aún más atrás en el tiempo (unos 2000 años), hay que ir a la Museumsinsel, con lo mejor de los museos berlineses.

La capital alemana no se esconde de su pasado, pero tampoco se regodea en él. Los berlineses saben cómo divertirse y esas ganas de difrutar delatan que no es una ciudad de madrugadores. Al llegar la noche, las tabernas rebosan, mientras que las discotecas y las *raves* mantienen al público bailando hasta el amanecer. Pero además de la vida nocturna, Berlín tiene mucho más que ofrecer.

La gastronomía berlinesa es uno de sus grandes atractivos, con nuevos restaurantes con estrella Michelin, locales de comida rápida y cocina internacional que sorprenden a cualquier *gourmet*. Y a pesar de su fama de hedonista, Berlín también permite relajarse. Parques inmensos como el Tiergarten ofrecen paz en medio del bullicio y las verdes y frondosas riveras del Spree se llenan en verano de personas disfrutando del sol.

Esta guía Top 10 reúne lo mejor que Berlín puede ofrecer, con sencillas listas de las 10 mejores opciones, consejos expertos y mapas y planos detallados, que hacen del viaje una experiencia extraordinaria.

HISTORIA DE BERLÍN

Berlín ha pasado por muchos momentos importantes a lo largo de la historia. De un humilde poblado pasó a ser una rica ciudad prusiana y sobrevivió a dos guerras mundiales y cuatro décadas de división. Hoy es una de las ciudades más dinámicas de Europa. He aquí su historia.

La ciudad crece

La historia escrita de Berlín empieza a comienzos del siglo XIII con un pequeño asentamiento mercantil de pescado y madera. Poco más de un siglo después, en 1411, Federico de Hohenzollern se convierte en protector especial de la ciudad, dando comienzo a 500 años de reinado de la casa de Hohenzollern. Ni la peste bubónica, ni la guerra de los Treinta Años frenan el crecimiento constante de la ciudad, que llega a su punto máximo en 1640, cuando Federico Guillermo se convierte en elector de Brandeburgo. Tras la ratificación del Edicto de Potsdam, unos 15.000 hugonotes que huyen de las persecuciones religiosas en Francia llegan a Berlín, a los que se unirán refugiados de Polonia, Bohemia y Salzburgo.

En 1701, la ciudad se convierte en la capital del nuevo Reino de Prusia, uno de los reinos independientes alemanes. Los siglos siguientes son testigo de la relevancia de muchos líderes prusianos, sobre todo de Federico II, Federico el Grande (1740-1786), quien se consagra a reforzar el prestigio cultural de Berlín y a atraer a comerciantes a la ciudad.

Capital imperial

Con el avance de la industrialización durante el siglo XIX, se construyen muchos de sus famosos monumentos. El motor detrás de esta explosión de arquitectura neoclásica es Karl Friedrich Schinkel, autor del Konzerthaus, entre otros edificios. Pero no todo es pompa y boato. El Plan Hobrecht de 1862 urbaniza nuevas franjas de la ciudad para albergar pobla-

Una ilustración de la guerra de los Treinta Años

Federico II (Federico el Grande), rey de Prusia entre 1740 y 1786

ción que viene del campo en busca de trabajo en las fábricas. La modernización del saneamiento, el alumbrado eléctrico de las calles, el transporte público y la telefonía mejoran radicalmente la calidad de vida de la población.

En esta época, Alemania se componía de reinos y principados. Todo cambiaría en 1871, cuando el primer ministro de Prusia, Otto von Bismarck, unifica Alemania, nombra a Berlín su capital y a Guillermo I, miembro de la casa de Hohenzollern, su káiser (emperador). A lo largo de las siguientes décadas, la influencia militar y económica de Prusia en Europa no hará más que crecer hasta el estallido de la Primera Guerra Mundial en 1914.

Una nueva república

La derrota en la guerra, la Revolución de Noviembre y la abdicación del káiser Guillermo II en 1918 marcan el fin del dominio de los Hohenzollern. Es el comienzo de la República de Weimar, un periodo de crecimiento cultural e inestabilidad política. Las artes florecen en un contexto de hiperinflación, desempleo y hedonismo desenfrenado. La Ley del Gran Berlín de 1920 expande los límites de la ciudad y duplica su población hasta los 3,8 millones, convirtiéndola en la tercera urbe más grande del mundo. En esta época, la Bauhaus redefine el diseño, el escritor Christopher Isherwood describe la pionera homosexualidad berlinesa y figuras como la bailarina Anita Berber simbolizan sus debilidades, una ciudad de cabaret y libertad sexual.

Hitos históricos

1237
Fundación de Berlín, cuyo nombre se cree que procede de su gobernante, Albrecht der Bär (Alberto el Oso).

1647
Construcción de Unter den Linden, que une el Stadtschloss con el Tiergarten y rápidamente se convierte en el bulevar más elegante de la ciudad.

1791
Finalización de la Brandenburger Tor (Puerta de Brandeburgo), uno de los monumentos más conocidos de Alemania.

1806
La derrota de Prusia a manos de Napoleón coloca a Berlín bajo ocupación francesa durante dos años.

1871
El recién nombrado canciller Otto von Bismarck funda el Imperio alemán, con Berlín como su capital.

1897
Inauguración del Comité Científico-Humanitario, la primera organización por los derechos de los homosexuales del mundo.

1939-1945
La Segunda Guerra Mundial destruye la ciudad y concluye con la batalla de Berlín y la muerte de Hitler.

1948-1949
Las fuerzas aéreas aliadas entregan más de dos millones de toneladas de suministros con el puente aéreo de Berlín.

1991
Berlín vence a Bonn por un estrecho margen de votos y se convierte en la capital de la Alemania reunificada.

2006
El país acoge la final de la Copa del Mundo en el Olympiastadion de Berlín, en un gesto de reconciliación.

2020
Después de siente años de obras, el Berliner Stadtschloss abre sus puertas al publico.

Segunda Guerra Mundial

Berlín estaba aún en pleno apogeo cuando se produce el crac de 1929, que pone en marcha el colapso de la República de Weimar y la llegada de Adolf Hitler a la cancillería alemana en 1933. Hitler odiaba Berlín por considerarla un nido de liberales, comunistas y moral laxa. Después de utilizar el incendio del Reichstag en 1933 para purgar la ciudad de oponentes, Berlín se convierte en baluarte del partido nazi.

El 9 de noviembre de 1938 tiene lugar la Kristallnacht (la Noche de los Cristales Rotos), un pogromo dirigido a intimidar con violencia a la población judía alemana. Se arresta a miles de personas y se saquean sinagogas, escuelas y tiendas. La invasión de Polonia por Hitler en 1939 marca el comienzo de la Segunda Guerra Mundial y tres años después, en enero de 1942, la Solución Final condena indiscriminadamente a muerte a millones de judíos. Cuando en abril de 1945 dos millones de soldados soviéticos entran en Berlín, tras el suicidio de Hitler, la ciudad no es más que una irreconocible montaña de escombros y sus ciudadanos vagan indigentes y hambrientos.

Una ciudad dividida

La derrota de Alemania por las fuerzas aliadas resulta en la division de la ciudad en cuatro sectores, administrados por Gran Bretaña, EE. UU., Francia y la Unión Soviética (URSS). Esto coloca a Berlín en el

El Reichstag en ruinas tras el incendio de febrero de 1933

Historia de Berlín

Celebración de la caída del Muro junto a la Puerta de Brandeburgo

centro de la Guerra Fría (1947-1991), un conflicto ideológico que enfrentó a EE. UU. y la OTAN con la URSS. El nacimiento de dos estados enfrentados en 1949 (la RFA al oeste y la RDA en el este) divide a Alemania de nuevo (Gran Bretaña y Francia administraron sus respectivos sectores hasta los años 90).

Esta división se reforzó físicamente con la construcción repentina del Muro de Berlín el 13 de agosto de 1961, que aisló a Berlín Oriental de Occidente tras el telón de acero y separó familias durante 28 años. Berlín Occidental quedó bajo la influencia política y cultural del oeste de Europa y EE. UU. A pesar de la fuerte presencia militar y las historias de espionaje, artistas e intelectuales llegan a raudales atraídos por el ambiente anárquico. Mientras, Berlín Oriental permanece estancado debido a las políticas de la RDA. La escasez de comida y la vigilancia masiva crean unas condiciones adversas y aquellos que tratan de escapar por la frontera son disparados.

Los cambios políticos que arrasaron el bloque oriental en 1989 terminaron con la caída del Muro el 9 de noviembre y Alemania se unificó oficialmente el 3 de octubre de 1990. En muchos aspectos, todas estas dificultades hicieron de Berlín el lugar libre que es hoy. El avance empezó lentamente en los años 90: el antiguo este trataba de alcanzar económicamente al oeste, más rico. Gran parte de Berlín Oriental era una ruina y la ocupación de edificios era habitual, pero los almacenes vacíos se convirtieron en el escenario de *raves* interminables, con la música tecno como banda sonora de un renovado gusto por la libertad.

Una nueva historia
El Berlín actual atrae a quien busque libertad sin trabas y una escena cultural de primera clase. También es aún refugio para quien lo necesita. En respuesta a la crisis migratoria europea de 2015, la canciller Angela Merkel lideró una cultura de bienvenida que llevó a Alemania a recibir a más de un millón de refugiados. La invasión rusa de Ucrania en 2022 arrastró a muchos ucranianos a Berlín, que acoge también a una de las mayores comunidades palestinas en la diáspora. A pesar del ascenso del populismo, los berlineses siguen siendo abiertos y liberales. En un mundo incierto, teñido por el conflicto y la división, Berlín es un lugar donde todo el mundo puede ser fiel a sí mismo.

TOP 10
EXPERIENCIAS

Esta guía ayuda a organizar el viaje perfecto tanto para los que visitan Berlín por primera vez como para los que repiten. Para aprovechar el tiempo al máximo y disfrutar de lo mejor que esta trepidante ciudad puede ofrecer, no hay que olvidar añadir estas experiencias a la visita.

1 Comida callejera
Currywurst, döner kebab, falafel im brot: la comida de los puestos callejeros berlineses es mítica y su variedad es un escaparate de la riqueza cultural de la ciudad. Hay que pasarse por un *imbiss* (puesto de comida) o un mercado tradicional para descubrir estas delicias y acompañarlas de una espumosa cerveza.

2 De museos por la Museumsinsel
Berlín, con una isla entera llena de museos, se toma el arte y la cultura muy en serio. El conjunto de cinco instituciones *(p. 34)* forma parte del Patrimonio Mundial de la Unesco e incluye el Altes Museum y el Neues Museum. La isla expone 2.000 años de cultura mundial.

3 Recordando la Segunda Guerra Mundial
No se puede visitar Berlín sin enfrentarse a su pasado, y la ciudad no esconde el impacto de la Segunda Guerra Mundial. El Holocaust-Denkmal *(p. 93)* permite reflexionar sobre la vida bajo dominio nazi, sin olvidar el memorial antibélico Kaiser-Wilehlm-Gedächtnis-Kirche *(p. 40)*.

4 Subida a la cúpula del Reichstag
Berlín está llena de estructuras impactantes, y una de las mejores corona el edificio del Parlamento *(p. 24)*. Es necesaria una reserva para ascender por la pasarela en espiral que recorre la cúpula, una estructura de cristal con magníficas vistas de la ciudad.

Top 10 experiencias **13**

5 Historias de la Guerra Fría
El recuerdo de la Guerra Fría todavía pende sobre la capital dando lugar a la solidaridad berlinesa. Los museos de la DDR (p. 96) y de la Stasi (p. 149) permiten atisbar cómo era la vida diaria en Alemania Oriental, sin olvidar el Gedenkstätte Berliner Mauer (p. 85).

6 En busca del arte callejero
El arte callejero, representa el temperamento enérgico de Berlín y está por todas partes. La famosa East Side Gallery (p. 85) es una muestra. Tuefelsberg (p. 66), una antigua estación de espionaje de la Guerra Fría, es ahora un enorme lienzo, al igual que Fridrichshain (p. 148).

7 Vida nocturna
La capital europea de la música electrónica es la sede de algunas de las mejores discotecas de tecno del mundo. Si no apetece ir de fiesta a Berghain (p. 150), también se puede ir a un *speakeasy*, un cabaret o una sala de conciertos de música clásica.

8 Mercadillos de fin de semana
El domingo es *Ruhetag* (día de descanso) y las tiendas están cerradas. La alternativa es rebuscar en los mercadillos que surgen en las plazas y a orillas de los canales. Uno de los favoritos es Mauerpark Flohmarkt (p. 144).

9 Los parques de Berlín
Puede que sorprenda en una ciudad tan urbana, pero uno de los atractivos de Berlín son sus zonas verdes y el acceso a bosques. Con la bici se puede recorrer Tempelhofer Feld (p. 136), un aeropuerto en desuso convertido en parque, o bien pasear por Tiergarten (p. 117).

10 Crucero por el Spree
El río Spree atraviesa el corazón de la ciudad y constituye un estupendo mirador para ver Berlín en todo su esplendor. Subido a un barco y con una *Berliner Weisse* (p. 81) en mano, otear en busca de la Berliner Dom y el Reichstag es la mejor forma de culminar el viaje.

14 Descubriendo Berlín

ITINERARIOS

Contemplar la Puerta de Brandeburgo, pasear junto a un canal o aprender sobre la historia de la ciudad y una amplia oferta para comer, beber o simplemente disfrutar de las vistas es lo que ofrecen estos itinerarios de 2 y 4 días que ayudan a aprovechar al máximo la visita a Berlín.

2 DÍAS

Día 1

Mañana
Qué mejor que empezar en la plaza más famosa de Berlín, **Alexanderplatz** (p. 108). Contempla el perfil de la ciudad desde la plataforma de observación de la torre de televisión **Fernsehturm** y busca la Museumsinsel, una isla en el Spree que merece la pena visitar. Aunque puedes pasar varios días recorriendo sus cinco museos es buena idea que te dirijas al **Neues Museum** (p. 35), donde puedes admirar el busto de Nefertiti. El Allegretto Museum Café del museo es el lugar idóneo para una comida ligera.

Tarde
Al salir de la Museumsinsel, contempla la imponente arquitectura de la **Berliner Dom** (p. 58), la mayor catedral de la ciudad. Después, camina hacia el oeste por la arbolada **Unter den Linden** (p. 90). Este bonito bulevar está salpicado de magníficos ejemplos de

> **TRANSPORTE**
> La bici es una forma ideal de moverse en una ciudad tan plana, que tiene muchos carriles bici y servicios de alquiler, además de un billete especial de transporte público.

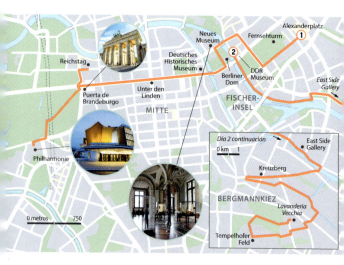

La suntuosa Berliner Dom, situada en la Museumsinsel

arquitectura prusiana y justo al comienzo se puede ver el Zeughaus, el edificio más antiguo e interesante de todos. Observa las esculturas del exterior y dirígete al interior, que alberga el **Deutsches Historisches Museum** (p. 27), con más de un millón de objetos que recorren el pasado de Alemania. Después de una ración de historia, camina por Unter den Linden hasta la **Puerta de Brandeburgo** (p. 22), símbolo por el que han desfilado gobernantes y manifestantes a lo largo de los siglos. Cuando el sol empiece a bajar, dirígete al **Reichstag** (p. 24) y desde su cúpula contempla Berlín a la luz del atardecer. Desde allí, solo unos pasos hasta el elegante Facil (p. 121), un restaurante con dos estrellas Michelin que marcará el comienzo de una velada de música clásica en la **Philarmonie** (p. 46), siempre con reserva en ambos.

Día 2

Mañana

La Guerra Fría es un capítulo importante de la historia de Berlín, así que dedícale la mañana. Descubre cómo la policía secreta vigilaba a los berlineses en el **DDR Museum** (p. 96), para luego coger un autobús y visitar los restos del Muro que solía dividir la ciudad en la **East Side Gallery** (p. 148). Empápate del colorido arte que lo ha adornado desde 1990 para después atravesar el Oberbaumbrücke hasta **Kreuzberg** (p. 132), uno de los barrios más pobres de Berlín Occidental durante la Guerra Fría, pero convertido hoy en una zona pujante. Acoge a una de las mayores comunidades turcas fuera de Turquía, así que recarga las pilas con un kebab.

Tarde

Baja la comida caminando hasta el Landwehrkanal (p. 67) y pide un café para llevar de uno de los muchos cafés situados junto al canal. En seguida se llega a Neukölln, un barrio creativo donde se encuentra una de las pocas colinas de Berlín; al subir se llega a Schillerkiez, la entrada a **Tempelhofer Feld** (p. 136). Las pistas de este antiguo aeropuerto son un animado lugar de recreo en el que disfrutar del resto del día: da una vuelta en bici, toma una clase de patinaje o descansa en los jardines. Quédate para disfrutar de la puesta de sol con una cerveza del *Späti* y termina la noche en la **Lavanderia Vecchia** (p. 139), un peculiar restaurante italiano situado en una antigua lavandería.

 BEBER

En Berlín está permitido beber alcohol en la calle y es habitual comprar bebidas en un *späti* (tienda de ultramarinos) y consumirlas en un parque. Estas tiendas abundan en Tempelhofer Feld y en todos los barrios de la ciudad.

16 Descubriendo Berlín

4 DÍAS

Día 1

El día comienza en el bullicioso centro de Berlín, Mitte, con una visita a la **Hamburger Bahnhof** (p. 118). Las exposiciones de esta estación convertida en galería de arte son temporales, pero siempre giran en torno al expresionismo o al arte pop. A solo unos pasos, el **Museum für Naturkunde** (p. 102) permite admirar el esqueleto de dinosaurio más grande del mundo. Para comer, dirígete a Prenzlauer Berg, donde el famoso **Konnopke's Imbiss** (p. 144) sirve unas de las mejores *currywurst* de la ciudad. El puesto está situado junto al U-Bahn, por lo que es buena idea montarse en direccion a Friedrichshain para dar un paseo por el parque más antiguo de la ciudad, el **Volkspark Friedrichshain** (p. 67), donde se alza la fuente Märchenbrun-

Una escultura de la artística fuente de Märchenbrunnen

nen de Ludwig Hoffman, y curiosear por las tiendas de **Boxhagener Platz** (p. 148). Estás en el sitio adecuado para disfrutar de la vida nocturna de la ciudad (Berghain, p. 150, está aquí); ya sea que consigas entrar en una de las discotecas de Berlín o prefieras un moderno bar, termina la noche con una canción en el **Monster Ronson's Ichiban Karaoke Bar** (p. 150).

 COMPRAR
Los domingos de verano, Mauerpark, en Prenzlauer Berg, se anima con los puestos de un ecléctico mercadillo, diestros músicos callejeros y el entrañable Bearpit Karaoke.

Día 2

Empieza la mañana dirigiéndote al oeste, donde se encuentra el **Schloss**

Itinerarios **17**

> 📷 **VISTAS**
> Entre el Jüdisches Museum y la Topographie des Terrors se encuentra Chechpoint Charlie, una pequeña caseta que señala el famoso paso fronterizo entre Berlín Oriental y Berlín Occidental; imprescindible una foto.

Charlotenburg (p. 42), el suntuoso palacio barroco berlinés. El que fuera hogar de la dinastía Hohenzollern posee unos hermosos jardines ingleses y dos maravillosos edificios (cada uno con su propia entrada y tarifa). Por la mañana visita el exterior y los tesoros que alberga y después toma un autobús hasta **Kantstrasse** (p. 127) para almorzar. Esta es la calle de la cocina asiática, así que escoge entre locales de auténtica comida taiwanesa, china o vietnamita. Tras un breve paseo se llega al histórico bulevar **Kurfürstendamm** (p. 38), donde se alzan las ruinas de la Kaiser-Wilhelm-Gedächtnis-Kirche. También aquí se encuentran algunos de los mejores comercios de la ciudad; descubre las tiendas independientes de **Bikini Berlin** (p. 38) para después entrar en **KaDeWe** (p. 82) los grandes almacenes más grandes de Europa. Después de las compras puedes cenar en el restaurante de KaDaWe, el Wintergarten.

Día 3

Dedica la mañana a descubrir el profundo impacto de la Segunda Guerra Mundial en Berlín; empieza con una visita al **Jüdisches Museum** (p. 133) para aprender sobre la población judía de Alemania. Después, puedes acudir a la **Topographie des Terrors** (*www.topographie.de*), una exposición que pormenoriza los crímenes de guerra nazis, para terminar con una visita al **Holocaust Denkmal** (p. 93). Tras la visita merece la pena dar un paseo por el **Gendarmenmarkt** (p. 92) y almorzar en uno de los bonitos cafés de la plaza. Un breve trayecto en U-Bahn te lleva a **Postdamer Platz** (p. 30), el moderno centro de Berlín, con espectaculares edificios como el Das Center am Postdamer Platz. Continúa hasta el Grosser Tiergarten (p. 66), el parque más grande de Berlín y rememora el día entre praderas y senderos arbolados. Al llegar el atardecer, ve a por una pinta y algo de comida austriaco-alemana a la ribereña taberna **Zollpackhof** (p. 121).

Día 4

Es buena idea preparar un pícnic y tomar el S-Bahn para salir del centro en dirección a los bosques de **Grunewald** (p. 99). Camina por sus tranquilos senderos, sube a la estación de escuchas de la Guerra Fría de **Teufelsberg** (p. 156) para disfrutar de las vistas y, si hace calor, refréscate con un chapuzón en el **Teufelsee** (p. 67), uno de los muchos lagos de Berlín. Termina en la **Grunewaldturm** (p. 156), donde puedes relajarte tomando algo en la taberna junto a la torre antes de volver en autobús a la ciudad. Culmina el viaje con un **crucero por el Spree** (p. 13) contemplando los muchos monumentos de la ciudad antes de acudir a un espectáculo en el sorprendente Deutsches Theater (p. 72).

Parterres de flores en el inmenso Grosser Tiergarten

TOP 10 BERLÍN

Lo esencial de Berlín	20
Puerta de Brandeburgo y Pariser Platz	22
Reichstag	24
Unter den Linden	26
Potsdamer Platz	30
Museumsinsel	34
Kurfürstendamm	38
Kaiser-Wilhelm-Gedachtnis-Kirche	40
Schloss Charlottenburg	42
Kulturforum	46
Judisches Museum Berlin	50

La cúpula del Reichstag

LO ESENCIAL DE BERLÍN

Berlín cuenta con algunos lugares que no debes perderte. Descubre en las páginas siguientes por qué cada uno de ellos es una visita obligada.

❶ Puerta de Brandeburgo y Pariser Platz

❷ Reichstag

❸ Unter den Linden

❹ Potsdamer Platz

❺ Museumsinsel

❻ Kurfürstendamm

❼ Kaiser-Wilhelm-Gedachtnis-Kirche

❽ Schloss Charlottenburg

❾ Kulturforum

❿ Jüdisches Museum Berlin

Lo esencial de Berlín 21

1

PUERTA DE BRANDE-BURGO Y PARISER PLATZ

 K3 Pariser Platz Garita sur de la Puerta de Brandeburgo; visitberlin.de

El símbolo por antonomasia de Berlín, la Puerta de Brandeburgo, se alza orgullosa en el centro de la Pariser Platz y destaca entre un conjunto de modernos edificios de embajadas. Coronada por una cuadriga triunfante, la puerta ha sido testigo privilegiado de momentos cruciales de la historia de Berlín.

1 Puerta de Brandeburgo

Esta magnífica construcción neoclásica, obra de Carl G. Langhans entre 1789 y 1791, está inspirada en los pórticos de los templos de la antigua Atenas. La magnífica columnata dórica está enmarcada por dos pabellones que solían ocupar los guardas y los funcionarios de aduanas.

CONSEJO TOP 10

En octubre, el Festival de las Luces transforma la puerta en una escultura luminosa.

2 Cuadriga

La escultura de 6 m de altura fue realizada en 1793 como símbolo de la paz por Johan Gottfried Schadow. El conjunto, que representa a la diosa de la victoria llevando su cuadriga, es la pieza central de la puerta.

3 Hotel Adlon Kempinski Berlin

Destruido en la Segunda Guerra Mundial, el hotel más elegante de la ciudad es una reconstrucción del original, que albergó a celebridades como Greta Garbo, Thomas Mann y Charlie Chaplin.

4 DZ Bank
 10.00-18.00 lu-vi

La sede central del DZ Bank ocupa este moderno edificio, diseñado por el arquitecto estadounidense Frank Owen Gehry, que combina la austeridad prusiana con algunos atrevidos elementos arquitectónicos.

5 Akademie der Künste

Construida en 2000-2005 y diseñada por Günter Behnisch y Manfred Sabatke, la Academia de las Artes alberga, tras los ventanales, las ruinas de la antigua Academia, destruida en la Segunda Guerra Mundial.

Puerta de Brandeburgo y Pariser Platz   23

La Puerta de Brandeburgo preside la Pariser Platz

> **TRANSPORTE**
> Los autobuses 100, 200 y 300 pasan por la Puerta de Brandeburgo. Un billete de un día permite subir y bajar cuando plazca.

6 Embajada de Francia

El arquitecto Christian de Portzamparc finalizó este edificio en 2001, en el solar de la antigua embajada, destruida en la Segunda Guerra Mundial. Las columnas y ventanas son un homenaje al original.

7 Embajada de Estados Unidos

El último espacio alrededor de la Pariser Platz se cerró en 2008 por una disputa con EE. UU., que quería desplazar una calle entera por motivos de seguridad.

8 Palais am Pariser Platz

Este complejo, obra de Bernard Winkling, es una moderna reinterpretación del estilo neoclásico. Dentro hay un café, un restaurante y una tienda de regalos en torno a un sombreado patio.

9 Eugen-Gutmann-Haus

Con sus líneas limpias, el Dredsner Bank, construido en 1997 por gmp, recupera el estilo sobrio de los años veinte. Justo enfrente puede verse el famoso letrero original de la Pariser Platz.

10 Haus Liebermann

Josef P. Kleihues la construyó entre 1996 y 1998 a imagen de la original, hogar del artista Max Liebermann. En 1933, al ver al ejército nazi desfilar por la Puerta, dijo al parecer: "Por mucho que coma, no bastará para vomitar todo lo que desearía".

> **TESTIGO DE LA HISTORIA**
>
> La Puerta de Brandeburgo ha sido testigo de muchos hitos de la historia de Berlín, desde desfiles militares a celebraciones por el nacimiento del Tercer Reich y el ascenso de Hitler al poder. Fue aquí donde se izó la bandera rusa en mayo de 1945 y donde, el 17 de junio de 1953, murieron 25 trabajadores durante unas manifestaciones.

En el sentido de las agujas del reloj, desde la derecha Letrero de la Pariser Platz; vestíbulo del Hotel Adlon Kempinski Berlin; patio con cubierta de cristal del edificio del DZ Bank

2

REICHSTAG

K2 **Platz der Republik 1** **Cúpula:** 8.00–24.00 diario (últ. adm: 22.00) Käfer im Reichstag: 9.00-13.00 y 19.00-23.00 ju-sá, 9.00-13.00 do **bundestag.de**

No hay símbolo más elocuente de la historia de Alemania que el Reichstag. El edificio parlamentario oficial de Berlín ha sobrevivido a incendios, revoluciones y guerras; una visita guiada por su interior permite descubrir la historia reciente del país.

1 Salón de Plenos
Esta es la sede del Beutscher Bundestag, el Parlamento alemán, que se ha reunido aquí desde el 20 de abril de 1999.

2 Pórtico "Dem Deutschen Volke"
La dedicatoria "Al pueblo alemán" data de 1916 y se añadió contra los deseos de Guillermo II.

3 La cúpula
La cúpula del Reichstag de Norman Foster ofrece vistas espectaculares de Berlín. La parte superior está abierta para ventilar el edificio.

4 Fachada restaurada
Pese a las restauraciones de la fachada, aún son visibles los agujeros de bala de la Segunda Guerra Mundial.

5 Platz der Republik
La explanada de césped frente al Reichstag es escenario de diversas celebraciones, como cuando Alemania albergó el Mundial de fútbol en 2006.

CONSEJO TOP 10

Para visitar la cúpula hay que registrarse en Internet dos o tres días antes.

Reichstag **25**

EL INCENDIO DEL REICHSTAG

El comunista neerlandés Marinus van der Lubbe fue detenido como autor material del incendio del Reichstag del 27 de febrero de 1933. Se cree, sin embargo, que fue obra de los propios nazis para así aprobar su Ley de Habilitación.

Homenaje a las víctimas en el Weiße Kreuze Memorial

6 Instalación "Der Bevölkerung"

La obra *Al pueblo* de Hans Haacke pone el contrapunto a la inscripción del pórtico situada enfrente. Utilizó para ello el mismo estilo de letra.

7 Weiße Kreuze Memorial

Frente a la pared sur del Reichstag, un monumento recuerda el Muro, que se alzaba a unos metros de aquí. Las cruces blancas son por las personas que murieron en el Muro al tratar de escapar a Berlín occidental.

8 La bandera alemana

Esta gigantesca bandera se izó por vez primera en la celebración oficial de la unificación alemana, el 3 de octubre de 1990.

9 Monumento a Dieter Appelt

Terminado en 1992, este memorial frente al Reichstag recuerda a los 97 delegados socialdemócratas y comunistas asesinados bajo el Tercer Reich.

10 Käfer im Reichstag

Lujoso y popular restaurante *(p. 121)* en la azotea del Reichstag, con vistas a Unter den Linden *(p. 26)*.

> **COMER**
> Si el Käfer im Reichstag se sale de tu presupuesto, ve a uno de los puestos cercanos para tomar una clásica *bratwurst* (salchicha) berlinesa.

La imponente cúpula de vidrio del Reichstag

Käfer im Reichstag, situado sobre el histórico Reichstag

3

UNTER DEN LINDEN

📍 K4

Este bulevar, antiguo camino de herradura real entre la residencia urbana del rey (el Stadtschloss) y el Tiergarten, se convirtió en el siglo XVIII en la calle más elegante de Berlín. Sigue siendo una de sus arterias principales, sembrada de tilos y magníficos edificios.

La imponente Staatsoper Unter den Linden

1 Staatsoper Unter den Linden
📍 K4 🏛 Unter den Linden 7 🌐 staatsoper-berlin.de

El ornamentado Teatro de la Ópera es uno de los edificios más hermosos de Alemania. De estilo neoclásico, fue construido entre 1741 y 1743 por el arquitecto prusiano Georg W. von Knobelsdorff como el primer teatro de ópera independiente, por iniciativa de Federico el Grande (p. 8).

2 St-Hedwigs-Kathedrale
📍 K4 🏛 Bebelplatz 🛠 Por renovación 🌐 hedwigs-kathedrale.de

Diseñada por von Knobelsdorff entre los años 1740 y 1742 e inspirada en el Panteón de Roma, es la sede de la archidiócesis católica de Berlín. Federico el Grande encargó su construcción para apaciguar a los católicos tras la conquista de Silesia.

3 Humboldt-Universität
La universidad más antigua de Berlín, y la más prestigiosa, fue fundada en 1810, según las ideas de Wilhelm von Humboldt. En ella estudiaron 29 premios Nobel, Albert Einstein entre ellos.

> ☕ **BEBER**
> Se puede hacer un descanso para tomar café con pasteles en el Café Le Populaire, situado en el Palais Populaire del Deutsche Bank, en Unter den Linden 5.

4 Opernpalais
El palacio situado junto a la Staatsoper fue hogar de las hijas de Federico Guillermo III. En la actualidad, alberga un centro de arte contemporáneo y cultura, el Palais Populaire.

5 Neue Wache
Monumento conmemorativo a las víctimas de la guerra, construido entre 1816 y 1818 por Karl Friedrich Schinkel. Cuenta con una réplica de *La Piedad* de Käthe Kollwitz.

6 Kronprinzenpalais
Creado en 1669 como residencia privada por Johann Arnold Nering, fue remodelado en 1732-1733 como edificio neoclásico por Philip Gerlach. Tras la Primera Guerra Mundial se convirtió en museo de arte, y luego el Gobierno de

La majestuosa fachada de la Humboldt Universität

Cuadros expuestos en el Deutsches Historisches Museum

Alemania Oriental alojó en él a las visitas de Estado. Aquí se firmó el acuerdo de reunificación de Alemania en 1990. Ahora alberga actos culturales y exposiciones.

7 Estatua de Federico el Grande

Escultura ecuestre de Christian Daniel Rauch (p. 91), representa al viejo Fritz a caballo, con el manto de la coronación y el tricornio.

La estatua de Federico el Grande

8 Deutsches Historisches Museum

K5 Zeughaus, Unter den Linden 2 Por obras hasta 2026 10.00-18.00 diario dhm.de

El mayor museo de historia del país ofrece un recorrido por más de 1.000 años de la historia de Alemania. Ocupa el Zeughaus, el edificio más antiguo (p. 29) de Unter den Linden.

9 Embajada de Rusia

La gigantesca Embajada de Rusia, construida al estilo de la era estalinista, se erigió en Unter den Linden después de la Segunda Guerra Mundial.

GUÍA DEL MUSEO

La planta baja del Deutsches Historisches Museum alberga obras que van de 1918 hasta hoy. La primera planta, colecciones de civilizaciones antiguas y de la Edad Media hasta comienzos del siglo XX. Un camino une el Zeughaus con la sala de exposiciones temporales.

10 Bebelplatz

Llamada originalmente Opernplatz, fue diseñada por von Knobelsdorff como centro del Forum Fridericianum (p. 91). Con su construcción se pretendía poner una nota de elegancia y esplendor de la antigua Roma en la capital prusiana. La tristemente famosa quema de libros nazi tuvo lugar aquí en mayo de 1933.

Deutsches Historisches Museum

1. *Guerreros moribundos*
Los 22 relieves realizados por Andreas Schlüter que se exponen en el patio del museo describen con inusitado realismo los horrores de la guerra.

2. *Europa y Asia*
Este grupo escultórico en porcelanas de Meissen del siglo XVIII refleja las fascinantes relaciones entre los dos continentes.

3. La máquina de vapor
Una máquina de vapor del año 1847 señala el comienzo de la colección dedicada a la Revolución Industrial.

4. Ropas de los campos de concentración
La chaqueta de un prisionero es un recordatorio escalofriante de los campos de concentración nazis durante el Tercer Reich.

5. *Gloria Victis*
La conmovedora figura alegórica de *Gloria Victis*, obra del famoso escultor francés Marius Jean Antonin Mercié, muestra la muerte de su amigo durante los últimos días de la guerra franco-prusiana de 1870-1871.

Retrato de Martín Lutero, obra de Lucas Cranach el Viejo en 1529

6. Martín Lutero
El *Retrato de Martin Lutero* pintado por Lucas Cranach el Viejo es una de las joyas de las salas del museo dedicadas a la Reforma protestante y al propio Martín Lutero.

7. Cohete V2
En la sección de la Alemania nazi se exhibe el motor de un cohete V2, cerca de un cañón antiaéreo de 88 mm. El V2 fue una de las *Wunderwaffen* (armas asombrosas) utilizadas en la Segunda Guerra Mundial.

8. *Soldados saqueando una casa*
Esta pintura del pintor flamenco barroco Sebastián Vrancx (*c.* 1600) describe una escena de las guerras de religión que asolaron los Países Bajos en el siglo XVI.

9. Silla de montar
Esta valiosa silla de montar, que data de mediados del siglo XV, está decorada con placas de marfil tallado.

10. El Muro de Berlín
Su caída se conmemora con un fragmento del muro original, que se expone junto a las pancartas utilizadas en una manifestación pacífica por la unificación celebrada en 1989.

Gloria Victis, de Antonin Mercié

Unter den Linden **29**

TOP 10
HITOS DE UNTER DEN LINDEN

1. Se crea un sendero entre el Stadtschloss real y el Tiergarten *(1573)*

2. Se plantan tilos en el camino *(1647)*

3. Federico II construye importantes edificios *(desde 1740)*

4. Napoleón desfila por Unter den Linden *(1806)*

5. Se convierte en un gran bulevar *(1820)*

6. Unter den Linden y Friedrichstrasse, símbolos de la ciudad *(1928)*

7. El ejército celebra la victoria de Hitler *(1933)*

8. La avenida queda arrasada *(1945)*

9. Recuperación del bulevar *(1948)*

10. Las manifestaciones hacen caer a Alemania Oriental *(1989)*

ZEUGHAUS, UNTER DEN LINDEN

El Zeughaus, en Unter den Linden, originalmente un arsenal real, se construyó en 1706 en estilo barroco siguiendo los planos del arquitecto alemán Johann Arnold Nering. Es una de las estructuras más imponentes de la calle y rodea un patio histórico protegido por una moderna cúpula de cristal. Destacan los 22 guerreros moribundos esculpidos por Andreas Schlüter, que se alinean en los soportales del patio y muestran con gran crudeza los horrores de la guerra. En la parte posterior del museo hay un edificio anexo de cristal en forma de cono realizado por el arquitecto de origen chino I. M. Pei en 2001 para acoger exposiciones temporales. La exposición permanente del edificio principal incluye una colección titulada "Testimonios de la historia alemana", un recorrido sugerente por los momentos clave de la historia del país. Los magníficos objetos de la exposición abarcan desde los tiempos del imperio medieval alemán hasta 1994. Están representadas la época de la Reforma, la guerra de los Treinta Años, las guerras de Liberación, la revolución fallida de 1848 y, por supuesto, las más recientes e imborrables dos guerras mundiales.

Napoleón entrando en Berlín, 27 de octubre de 1806 **(1810), de Charles Meynier.**

4

POTSDAMER PLATZ

📍 L2

El corazón de la metrópolis berlinesa late en Potsdamer Platz. Foco de la vida urbana en los años 20 del siglo XX, la plaza quedó desolada después de la Segunda Guerra Mundial, pero renació tras la caída del Muro. Desde entonces, se ha convertido en una ciudad dentro de la ciudad, rebosante de entretenimiento, tiendas y restaurantes.

1 Das Center am Potsdamer Platz
🏠 Potsdamer Platz
🌐 das-center-am-potsdamer-platz.de
El antiguo Sony Center, diseñado por Helmut Jahn, alberga un moderno espacio de trabajo y zona comercial con ocio, restaurantes y centro comercial culinario.

2 Deutsche Kinemathek
🏠 Potsdamer Str. 2
🕐 10.00-18.00 mi-lu
🌐 deutsche-kinemathek.de ↗
Este museo transporta a los visitantes entre bastidores de Babelsberg (p. 162) y Hollywood con vestidos de Marlene Dietrich (p. 32) y otras piezas.

3 Weinhaus Huth
El único edificio de la plaza que sobrevivió la Segunda Guerra Mundial

CONSEJO TOP 10
La plaza alberga un mercadillo navideño con instalación de *snowboarding* y trineo.

La Sala de los Espejos de la Deutsche Kinemathek

Potsdamer Platz **31**

Los rascacielos de Potsdamer Platz alberga hoy restaurantes y el magnífico Daimler Contemporary, que expone arte moderno.

4 LEGOLAND® Discovery Centre
🅰 Potsdamer Str. 4
🕐 10.00-19.00 diario
🌐 legolanddiscovery centre.de

Este paraíso de LEGO® (p. 71) contiene maquetas con bloques, un Berlín en miniatura, un tren al país de los dragones y la DUPLO® Village con bloques más grandes para los peques.

5 Theater am Potsdamer Platz
El teatro en la Marlene Dietrich Platz, para 1.800 espectadores, ofrece teatro, musicales y espectáculos. Cada mes de febrero se convierte en el escenario del Berlinale Film Festival.

6 The Playce
Inaugurado en 2022, este centro comercial alberga ahora opciones de ocio y comida. Dentro, el mercado culinario Manifesto ofrece productos sostenibles y comida callejera.

7 Frederick's
🅰 Bellevuestr. 1
🕐 El horario varía, comprobar página web
🌐 frederichsberlin.com

Situado en el antiguo Grand Hotel Esplanade, este espacio estilo años 20 tiene un restaurante, dos bares, un *lounge* y un *deli*.

8 Boulevard der Stars
El Paseo de la Fama berlinés cuenta con estrellas como Marlene Dietrich, Werner Herzog, Fritz Lang, Diane Kruger, Hans Zimmer y Romy Schneider.

Estrella de Marlene Dietrich en el Boulevard der Stars

Disfrutando de las vistas desde el piso 25 de la Kollhoff Tower

9 Kollhoff Tower
🅰 Potsdamer Platz 1
🕐 11.00-19.00 diario (invierno: hasta 18.00)
🌐 panoramapunkt.de

Obra de Hans Kollhoff, posee el ascensor más rápido de Europa que lleva a los visitantes hasta la plataforma de observación del piso 25 en solo 20 segundos.

10 Spielbank Berlin
🅰 Marlene-Dietrich-Platz 1
🕐 11.00-15.00 diario
🌐 spielbank-berlin.de

Ruleta, *blackjack* y máquinas tragaperras.

> **COMER**
> The Playce alberga el mayor centro gastronómico de Europa, el Manifesto Market, con 22 restaurantes que abarcan desde Asia hasta América Latina.

Deutsche Kinemathek

1. República de Weimar
Lo expuesto aquí se centra en la obra de los legendarios directores de la era dorada del cine alemán, entre 1918 y 1933.

2. Marlene Dietrich
Esta muestra de los bienes de la estrella incluye vestuario de películas, equipaje de las giras, fragmentos de películas, carteles, fotografías, cartas y notas.

3. Metropolis
La famosa película de 1927, dirigida por Fritz Lang, presenta una estremecedora visión de un mundo futuro, distópico y urbano. Se exhiben maquetas y utilería de la película.

4. Olympia
Esta sección muestra los trucos técnicos empleados en esta película propagandística nazi, un documental preparado de Leny Riefenstahl hecho entre 1936 y 1938, tras los Juegos Olímpicos de Berlín de 1936.

5. Caligari
La película alemana más conocida de los años 20, *El gabinete del doctor Caligari* (1920) es una obra maestra del expresionismo, obra de Robert Wiene.

La famosa colección de trajes de Marlene Dietrich en la Deutsche Kinemathek

6. Nacional socialismo
Documentación sobre el empleo del cine como propaganda, el cine común y las víctimas de la industria: algunas estrellas siguieron con su carrera bajo el dominio nazi, otras se negaron a cooperar o fueron marginadas desde el principio. La vida y obra del actor judío Kurt Gerron, que fue perseguido y asesinado, es un caso paradigmático.

7. El cine de la posguerra
Historia del cine en la Alemania Oriental y Occidental a través de utilería y vestuario de famosas estrellas del cine alemán de la posguerra como Hanna Schygulla, Romy Schneider, Heinz Rühmann y Mario Adorf.

8. Transatlántico
Muestra de cartas, documentos y recuerdos que traza la carrera de estrellas alemanas en Hollywood, tanto del cine mudo, como del sonoro que llegó en 1928.

9. Pioneros y divas
Los comienzos del cine, así como estrellas del cine mudo como Henny Porten y la actriz danesa Asta Nielsen.

10. El exilio
Los objetos aquí expuestos narran las dificultades a las que se enfrentaron los cineastas alemanes en su renacer en EE. UU. entre 1933 y 1945.

Cartel de la película *El gabinete del doctor Caligari*, dirigida por Robert Wiene

EL NUEVO CENTRO DE BERLÍN

En 1920, Potsdamer Platz era la plaza europea más bulliciosa, con el primer semáforo de Berlín. La Segunda Guerra Mundial arrasó por completo este foco de vida. Ignorada durante casi 50 años, esta plaza vacía volvió a ser el centro de Berlín tras la caída del Muro. Durante los años 90, fue el solar en obras más grande de Europa. Surgieron nuevos rascacielos y se restauraron antiguas estructuras (algunas habitaciones aún en pie del ruinoso e histórico Grand Hotel Esplande se trasladaron al Sony Center). Millones de personas vinieron a ver las obras desde la famosa Red Info Box, que se retiró en 2001. En total, la construcción de la plaza actual ha costado unos 17.000 millones de euros.

TOP 10
ARQUITECTOS DE LA POTSDAMER PLATZ

1. Helmut Jahn *(Sony Center)*
2. Renzo Piano y Christian Kohlbecker *(Atrium Tower)*
3. José Rafael Moneo *(Hotel Grand Hyatt)*
4. Hans Kollhoff *(Kollhoff Tower)*
5. Giorgio Grassi *(Park Colonnades)*
6. Ulrike Lauber y Wolfram Wöhr *(Grimm-Haus, CinemaxX)*
7. Sir Richard Rogers *(Bloque de oficinas Linkstrasse)*
8. Steffen Lehmann y Arata Isozaki *(Edificio de oficinas y comercios Linkstrasse)*
9. Heidenreich & Michel *(Weinhaus Huth)*
10. Bruno Doedens y Maike van Stiphout *(Tilla-Durieux-Park)*

El casino Spielbank Berlin, en Potsdamer Platz

Das Center am Potsdamer Platz domina sobre Potsdamer Platz

5

MUSEUMSINSEL

📍 J5 🕙 10.00-18.00 ma-do (hasta 20.00 ju) ℹ️ Pergamonmuseum: reapertura parcial en 2027 🌐 smb.museum

La Museumsinsel es Patrimonio de la Humanidad y uno de los monumentos más singulares de Berlín: un conjunto de museos que ocupa una isla formada por dos brazos del río Spree. Estos cinco museos, el conjunto más diverso a nivel mundial, acompañan al visitante en un viaje por 2.000 años de la cultura mundial.

1 Altes Museum
El primer museo en construirse en la isla en 1830, a imagen de un templo griego, es el enigmático Altes Museum *(p. 61)*. En origen fue una pinacoteca, pero ahora alberga las antigüedades clásicas.

2 Bode-Museum
Situada en la parte norte de Museumsinsel, la estructura de este museo está dominada por una cúpula. Alberga la espectacular colección de escultura, el Museo de Arte Bizantino y la colección de numismática, que está compuesta por más de 500.000 objetos en total.

3 Ägyptisches Museum
Situado dentro del Neues Museum, expone retratos de la realeza egipcia y arquitectura monumental *(p. 54)*.

4 James-Simon-Galerie
Llamada así en honor a James Simon (1851-1932), mecenas de los Museos Estatales de Berlín. Abierto en 2019, lo diseñó David Chipperfield.

5 Alte Nationalgalerie
La Antigua Galería Nacional *(p. 56)* abrió sus

> **CONSEJO TOP 10**
> La entrada de un día a la Museumsinsel da acceso a todos los museos de la isla por 24 €.

Busto de Nefertiti en el Altes Museum

Museumsinsel **35**

La Alte Nationalgalerie y sus agradables jardines

puertas en 1876 y fue restaurada en 1990. Alberga esculturas y pinturas del siglo XIX, e incluye algunas obras de Max Liebermann y Schadow.

6 Neues Museum

Espectacularmente renovado por el arquitecto británico David Chipperfield, tanto el edificio como los objetos que se exponen resultan fascinantes. Alberga colecciones de prehistoria y del antiguo Egipto.

7 Lustgarten

Un parque con encanto situado frente al Altes Museum *(p. 61)*. Es popular entre los turistas porque pueden relajarse junto a la fuente central.

8 Berliner Dom

Esta catedral neobarroca, probablemente el edificio *(p. 58)* más imponente de la isla, está excepcionalmente decorada para ser una iglesia protestante. Alberga conciertos de órgano y servicios religiosos.

9 Patio porticado

Este patio porticado entre el Neues Museum y la Alte Nationalgalerie conecta los museos y es un evocador escenario para conciertos al aire libre.

10 Pergamonmuseum

Construido entre 1909 y 1930, es uno de los museos de arte y arquitectura de la antigüedad *(p. 54)* más importantes del mundo, con una inmensa colección de antigüedades.

> **TESOROS PERDIDOS**
>
> Durante la Segunda Guerra Mundial muchas obras de los museos se escondieron en búnkeres. El ejército rojo llevó algunas piezas a Moscú. El Neues Museum señala los vacíos de la colección.

> **VISTAS**
>
> En el interior de la Berliner Dom deslumbran los mosaicos de Anton von Werner, cada uno de los cuales contiene más de medio millón de teselas.

Puerta de Ishtar (siglo VI), Pergamonmuseum

Hitos de la colección

1. Altar de Pérgamo
El altar de Pérgamo de la epónima ciudad griega (hoy Turquía) data del año 160 a. C. Permanecerá cerrado por restauración hasta 2027.

2. Fachada de Mshatta
Regalo del sultán Abdul Hamid II al káiser Guillermo II y ahora sita en el Museo de Pérgamo, esta fachada de piedra minuciosamente tallada con arabescos y animales era la cara sur de una fortaleza en el desierto construida en 744 d. C. en Mshatta, Jordania.

3. *Cabeza verde de Berlín*
Poco se sabe de esta escultura egipcia hermosamente tallada, pero se cree que data de entre el 100 y el 50 a. C. Situada en el Neues Museum, está hecha de esquisto verde, una roca con minerales que le aportan ese tono.

4. El busto de Nefertiti
La estrella de la colección del Museo Egipcio en el Neues Museum es un busto de piedra caliza pintada de la reina Nefertiti. Se halló en Egipto durante unas excavaciones en 1912 y se cree que data del 1345 a. C.

Visitantes ante al famoso busto de Nefertiti en el Neues Museum

5. El sombrero de oro de Berlín
Recogido en el Museo de la Prehistoria y la Historia Antigua del Neues Museum, este calendario funcional se creó entre los siglos 9 y 8 a. C. Se trata de una fina lámina de oro ricamente decorada con ornamentos.

6. *Grupo de las princesas*
Famoso ejemplo de escultura neoclásica que muestra a la princesa heredera Luisa de Prusia y a su hermana, la princesa Federica de Mecklenburg Strelitz, y que recibe a los visitantes en la Alte Nationalgalerie. Esta estatua de mármol a escala real se talló en 1797.

7. *El árbol solitario*
De entre la extensa colección de pintura romántica alemana que alberga la Alte Nationalgalerie, destaca este óleo de 1822 obra de Caspar David Friedrich con un viejo roble en medio de un paisaje romántico.

8. *El niño que reza*
Este bronce griego del 300 a. C. fue hallado en la isla de Rodas a finales del siglo XV. Se encuentra ahora en el Altes Museum y retrata a un joven desnudo que alza sus brazos, esculpido en estilo helenístico.

9. *Madonna Pazzi*
Este relieve en mármol de principios del Renacimiento es obra de Donatello y se dice que procede del palacio de la familia Pazzi en Florencia. Se halla en la Colección de Escultura del Bode Museum.

10. Denario con retrato de Carlomagno
Esta rara moneda de plata acuñada después del 800 d. C. es parte de la colección de numismática del Bode Museum. Por una cara, el retrato del santo emperador romano Carlomagno con una corona de laurel y en la otra, una iglesia con cuatro columnas.

SALVANDO LA MUSEUMSINSEL

Cabeza verde de Berlin, una de las obras maestras del Museo Egipcio en el Neues Museum

La Isla de los Museos es una cámara de tesoros de la arquitectura de la antigüedad que hasta hace poco estaba en decadencia. Sin embargo, desde 1992 se han invertido 1800 millones de euros en la renovación y modernización del complejo. El plan maestro, a cargo de famosos arquitectos como David Chipperfield y O. M. Ungers, transformará el conjunto en un paisaje museístico único, tal y como lo concibió Federico Guillermo IV en el siglo XIX, cuando estableció la "institución libre para las artes y las ciencias". Cuando se finalice en 2037, un "paseo arquitectónico" servirá de unión conceptual y estructural entre los distintos museos, excepto la Altes Nationalgalerie. Consistirá en una serie de estancias, patios, bóvedas y salas de exposiciones. El eje del conjunto será la James Simon Galerie, un edificio central inaugurado en 2019. El Pergamonmuseum, en plenas obras de restauración, se estima que reabrirá parcialmente sus puertas en 2027.

En el sentido de las agujas del reloj, desde la izquierda Visitantes en el espectacular Neues Museum; la llamativa entrada a la James Simon Galerie

6

KURFÜRSTENDAMM

📍 C5

Los grandiosos edificios, las elegantes *boutiques* y la animación de los artistas callejeros en torno a Breitscheidplatz han hecho de este bulevar comercial, el Ku'damm, una de las avenidas más atractivas y conocidas de Berlín. Sus casi 4 km la convierten en la avenida más larga de la ciudad, perfecta para empaparse del vibrante ambiente berlinés.

1 Breitscheidplatz

Aquí, en pleno centro, artistas, berlineses y turistas pasean alrededor de la fuente con forma de globo de J. Schmettan conocida como *Wasserklops* (albóndiga acuática).

COMER
Uno de los cafés más agradables de la zona es el Café Wintergarten, en la Literaturhaus en Fasanenstrasse *(p. 130)*. Un estupendo desayuno, tartas y café en el jardín.

2 Zoo Palast

Singular sala de cine construida en el año 1957 para el Berlinale Film Festival. Alberga siete auditorios.

3 Torreta de tráfico

En la esquina de Joachimstaler Strasse, esta vieja torreta de ordenación del tráfico es la última que queda en la ciudad y ahora se ha convertido en parte de su patrimonio. Entre los años 1955 y 1962, un policía dirigía los semáforos manualmente desde la cabina acristalada.

4 Kaiser-Wilhelm-Gedächtnis-Kirche

Aunque la iglesia quedó destruida durante la Segunda Guerra Mundial, la torre *(p. 40)* se alza en el centro de la plaza como un triste recordatorio de los horrores de la guerra.

5 Bikini Berlin

🚇 D4 🏠 Budapester Str. 38-50 🕐 10.00-20.00 lu-sá, 12.00-18.00 do 🌐 bikiniberlin.de

Bikini-Haus, erigido en 1956, ha sido renovado y actualmente alberga la moderna *boutique* Bikini Berlin, que también ofrece estupendas vistas del vecino zoo.

Kurfürstendamm **39**

En el sentido de las agujas del reloj, desde la derecha **Centro comercial Neues Kranzler Eck; la última torreta de ordenación del tráfico en Kurfürstendamm; el famoso teatro Schaubühne, en Lehniner Platz**

6 Neues Kranzler Eck

Este rascacielos de acero y vidrio fue construido en el 2000 por el arquitecto Helmut Jahn. Se ha mantenido el legendario café Kranzler frente al bloque de oficinas. Alberga una oficina de turismo oficial.

7 Iduna-Haus

Este edificio con torreones en el n.º 59 es una de las pocas casas burguesas de finales del siglo XIX que han sobrevivido. La fachada ornamental, estilo Jugendstil *(art nouveau)*, ha sido profundamente restaurada.

8 Fasanenstrasse

Una calle pequeña *(p. 125)* cerca de

Kurfürstendamm, la principal arteria comercial de Berlín.

Ku'damm, llena de galerías de arte, restaurantes y lujosas tiendas, es de las más elegantes del barrio de Charlottenburg.

9 Europa-Center
- D4
- Tauentzienstr. 9
- europa-center-berlin.de

El centro comercial más antiguo de Berlín Occidental, abierto en 1962, conserva gran parte de su atractivo. Cuenta con *boutiques*, un teatro y un centro oficial de información turística.

10 Lehniner Platz

Aquí está el famoso teatro Schaubühne, construido como cine Universum en 1928 por Erich Mendelsohn y reconvertido en 1978.

CUANDO KU'DAMM NO ERA MÁS QUE UNA SENDA

En 1542, Ku'damm no era más que una humilde *knuppeldamm* o carretera de troncos. Los electores la utilizaban como camino de herradura entre su residencia urbana *(Stadtschloss)* y su pabellón de caza *(Jagdschloss)*. En 1871, la zona se convierte en el centro de moda de la ciudad. El canciller Otto von Bismarck lo reformó a imagen de los Campos Elíseos de París, con casas, tiendas, hoteles y restaurantes a ambos lados.

7

KAISER-WILHELM-GEDÄCHTNIS-KIRCHE

📍 D4 🏛 Breitscheidplatz 🕐 Iglesia: 12.00-18.00 diario; pabellón conmemorativo: 12.00-17.00 diario 🌐 gedaechtniskirche-berlin.de

Esta iglesia en ruinas de estilo neorrománico es un símbolo de Berlín. Fue consagrada en 1895 con el nombre de Iglesia Conmemorativa Kaiser Wilhelm, en honor a Guillermo I. Es un recordatorio silencioso de los efectos de la guerra y símbolo de la determinación de la ciudad por recuperarse.

1 Torre del reloj
El reloj es de diseño clásico, con números romanos. Por la noche se ilumina de azul, en consonancia con el interior de la nueva iglesia.

2 Torre en ruinas
La torre de la iglesia sobrevivió a los bombardeos que destruyeron gran parte de la ciudad en 1943. De sus 113 m de altura, se conservan 71. Al tejado demolido por las bombas lo llaman "diente hueco", por su borde afilado.

3 Nuevo campanario
El campanario hexagonal de 53 m se sitúa donde se alzaba la nave central, junto a la torre en ruinas.

4 Cruz ortodoxa rusa
Regalo de los obispos ortodoxos rusos de Volokolomst y Yuruyev en recuerdo de las víctimas del nazismo.

5 Mosaico de los Hohenzollerns
Es un mosaico de vivos colores de los Hohenzollerns (p. 45) que adorna el vestíbulo de la iglesia en ruinas. Representa al emperador Guillermo I junto a la reina Luisa de Prusia y el séquito de esta.

6 Altar principal
La escultura dorada de Cristo, obra de Karl Hemmeter, cuelga sobre el altar central en la iglesia moderna. Las luces nocturnas iluminan

> **CONSEJO TOP 10**
> Todos los sábados a las 18.00 se celebra un servicio especial con música.

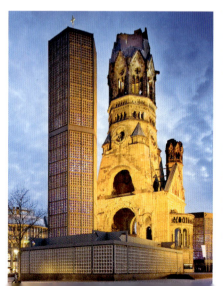

La única torre de la iglesia aún en pie, el "diente hueco"

La escultura de Cristo en la cruz, encima del altar

> **📷 VISTAS**
> Visita la iglesia en un día soleado al mediodía, cuando la vidriera azul está en su máximo esplendor por la luz que la atraviesa.

las ventanas detrás del altar con un intenso azul oscuro.

7 Mosaico del káiser

Uno de los mosaicos que se conservan representa al emperador Enrique I en su trono, con el orbe y el cetro. Originalmente decorada con escenas de la historia imperial alemana, esta iglesia enraizaba a los Hohenzollern dentro de esta gloriosa tradición.

8 Mosaicos originales

Los brillantes mosaicos de estilo Jugendstil muestran a duques prusianos y príncipes en paredes y techos a lo largo de las escaleras.

9 Figura de Cristo

La gran escultura de Cristo que está suspendida del techo sobrevivió milagrosamente a las bombas.

10 Crucifijo de Coventry

Este crucifijo se forjó fundiendo clavos hallados en las ruinas de la catedral de Coventry en Reino Unido. Conmemora el bombardeo de dicha ciudad por parte de la Luftwaffe en 1940.

UNA IGLESIA CON DOS VIDAS

La Kaiser-Wilhelm-Gedächtnis-Kirche debe su conservación al pueblo berlinés, ya que en 1947 el Senado planeaba demoler las ruinas por razones de seguridad. Sin embargo, en un referéndum, uno de cada dos berlineses votó por conservarla. Fue entonces cuando surgió la idea de construir una nueva iglesia aprovechando los restos de la antigua a modo de memorial de los desastres de la guerra.

Mosaico del káiser Guillermo I y la familia real

SCHLOSS CHARLOTTENBURG

B3 Spandauer Damm spsg.de

Esta antigua residencia de verano de los Hohenzollern, uno de los monumentos reales más relevantes de Berlín, es parte de la historia prusiana. El conjunto palaciego es casi una pequeña villa en sí misma, con un extravagante conjunto de edificios barrocos, hermosos jardines e interiores ricamente decorados, todo ello sin parangón en Berlín.

1 Altes Schloss
La torre barroca del ala más antigua del palacio, de Johann Arnold Nering, data de 1695 y está coronada con una estatua de la Fortuna de Richard Scheibe.

2 Schlosskapelle
El lujoso esplendor de la capilla del palacio evoca los magníficos interiores del conjunto antes de su destrucción durante la Segunda Guerra Mundial. Sin embargo, aparte del altar original, que todavía se conserva, el resto de la capilla es una réplica.

3 Neuer Flügel
Construida entre 1740 y 1747 por Georg W. von Knobelsdorff, el ala nueva acoge los aposentos de Federico el Grande y una amplia colección de pinturas francesas del siglo XVIII.

4 Monumento al Gran Elector
Magnífica estatua ecuestre de Federico Guillermo I, el Gran Elector. Realizada entre 1696 y 1703 por Shlüter, se alzaba originalmente

Federico Guillermo

Schloss Charlottenburg   43

La fachada barroca del Schloss Charlottenburg

 BEBER
El Orangery Café, con su bonito jardín y su patio arbolado, es el lugar ideal para relajarse con una taza de té o café.

CONSEJO TOP 10

Para evitar las aglomeraciones, es mejor pasear una tarde de entre semana.

en el Rathausbrücke, cerca del desaparecido Stadtschloss.

5 Käthe-Kollwitz-Museum

Este museo recoge la obra de la escultora y artista gráfica Käthe Kollwitz (1867-1945). Fue la primera mujer en ingresar en la Academia Prusiana de las Artes, para ser luego marginada por los nazis. Se exponen 200 dibujos, grabados, esculturas, una serie de xilografías sobre la guerra y autorretratos que abarcan 50 años.

6 Belvedere

A Federico Guillermo II le gustaba escaparse a esta romántica residencia de verano construida en 1788 por Carl Gotthard Langhans y que servía como pabellón de té. Hoy alberga una colección de porcelanas.

7 Schlosspark

El palacio tiene un precioso jardín de estilo barroco tras el cual se encuentra un parque de estilo inglés con ríos y lagos artificiales rediseñado por Peter Joseph entre 1818 y 1828.

8 Porzellankabinett

Esta pequeña y delicada galería de espejos ha sido cuidadosamente restaurada a su estado original, con valiosas porcelanas de China y Japón.

9 Neuer Pavillon

Esta villa italianizante, obra de Karl Friedrich Schinkel en 1825 para Federico Guillermo III, se inspira en la Villa Reale del Chiatamone, en Nápoles, y muestra la pasión de los Hohenzollern por el estilo italiano.

10 Mausoleum

Algo oculto, en este edificio neoclásico de Schinkel están enterrados muchos Hohenzollern.

CONSTRUCCIÓN DEL PALACIO

La construcción del Schloss Charlottenburg comenzó en 1695. Johann Friedrich Eosander amplió la Orangerie y añadió la cúpula entre 1701 y 1713. Federico el Grande acometió posteriores ampliaciones, como la Neuer Flügel a mediados del siglo XVIII.

Las delicadas piezas de porcelana del Porzellankabinett

Aposentos de Charlottenburg

1. Eichengalerie
Los paneles de madera de roble de la galería están decorados con retratos dorados de los antepasados Hohenzollern.

2. Gris-de-Lin-Kammer
Esta pequeña estancia en el segundo apartamento palaciego de Federico II está decorada con cuadros, algunos de su pintor favorito, Antoine Watteau. El nombre proviene del damasco violeta que cubre sus paredes.

3. Schlafzimmer der Königin Luise
El dormitorio de la reina Luisa, diseñado en 1810 por Karl Friedrich Schinkel, presenta líneas rectas propias del estilo neoclásico.

4. Winterkammern
Aposentos de estilo neoclásico temprano de Federico Guillermo II, con pinturas, tapices y muebles.

5. Grünes Zimmer
La sala verde de los aposentos de la reina Isabel es un magnífico ejemplo del estilo Biedermeier, típico del siglo XIX.

6. Goldene Galerie
El salón de fiestas en la Neuer Flügel, de 42 m de largo, fue diseñado en

La Goldene Galerie, un salón de baile rococó de 1746

estilo rococó por von Knobelsdorff, el arquitecto favorito de Federico el Grande. La profusa decoración le da un aire alegre.

7. Bibliothek
La biblioteca de Federico el Grande tiene estanterías de madera elegantes y una decoración original de color verde intenso.

8. Konzertkammer
El mobiliario y los paneles de madera de las paredes de la sala de música son una reconstrucción de los originales de la época de Federico el Grande. Él mismo compró a Antoine Watteau *La muestra de Gersaint*.

9. Rote Kammer
Esta habitación elegante de color rojo y dorado está adornada con los retratos del rey Federico I y su esposa Sofía Carlota.

10. Audienzkammer de Federico I
Las pinturas del techo y los tapices belgas representan figuras alegóricas que simbolizan las artes y las ciencias. También hay magníficos bargueños lacados que imitan el estilo oriental.

El interior de la Gris-de-Lin-Kammer, un excelente ejemplo de estancia real.

Schloss Charlottenburg **45**

TOP 10
GOBERNANTES
HOHENZOLLERN

1. Federico Guillermo, el Gran Elector *(1620-1688)*
2. Federico I *(1657-1713)*
3. Federico Guillermo I *(1688-1740)*
4. Federico II el Grande *(1712-1786)*
5. Federico Guillermo II *(1744-1797)*
6. Federico Guillermo III *(1770-1840)*
7. Federico Guillermo IV *(1795-1861)*
8. Guillermo I *(1797-1888)*
9. Federico III *(1831-1888)*
10. Guillermo II *(1859-1941)*

LOS HOHENZOLLERN Y BERLÍN

En 1411, el emperador Segismundo de Luxemburgo requirió la ayuda del burgrave Federico de la dinastía de los Hohenzollern de Núremberg para liberar la provincia de Brandeburgo, con capital en Berlín, de la amenaza de los barones hostiles a la Corona. Cuando Segismundo se convirtió en rey, en 1415, recompensó a Federico de Hohenzollern nombrándolo margrave y Gran Elector. Fue entonces cuando los destinos de Berlín y la dinastía Hohenzollern se unieron en una relación que duraría 500 años. Los dirigentes Hohenzollern impulsaron la cultura, en especial el Gran Elector, que recibió en Berlín a 20.000 artesanos hugonotes, además de fundar un museo de arte y varias escuelas. Federico Guillermo I, padre de Federico el Grande, transformó Berlín en un campamento militar, la llenó de tropas y reclutó a los hombres más corpulentos como miembros de su guardia personal. En el siglo XIX, sin embargo, las relaciones entre Berlín y los Hohenzollern se volvieron menos cordiales.

Grabado de *El Gran Elector recibiendo a los hugonotes refugiados*

9
KULTURFORUM

📍 L2 🏛 Oeste de Potsdamer Platz 🌐 smb.museum

El Kulturforum acoge algunos de los museos de arte más importantes de Europa, la famosa sala de conciertos de la Berliner Philharmoniker y a millones de visitantes atraídos por la cultura y la música. El conjunto, situado en el antiguo Berlín Occidental, ha ido creciendo paulatinamente desde 1956, en contraposición a la Museumsinsel en el antiguo Berlín Oriental.

1 Musikinstrumenten-Museum
Oculto detrás de la Philarmonie se encuentra este fascinante museo *(p. 55)* de instrumentos musicales. Hay expuestos más de 800, entre ellos varios claves y un piano Wurlitzer de 1929.

2 Neue Nationalgalerie
📍 L1 🕐 10.00-18.00 ma-sá 🌐 smb.museum

Con sede en un llamativo edificio de acero y vidrio de Mies van der Rohe, esta galería *(p. 62)* muestra pintura del siglo XX, en especial del expresionismo alemán.

3 Philharmonie
🏛 Herbert-von-Karajan-Str. 1 🕐 El horario varía, comprobar la página web 🌐 berliner-philharmoniker.de

El edificio, parecido a una tienda de campaña, fue el primero en construirse *(p. 62)* del Kulturforum entre 1960 y 1963. Es uno de los mejores auditorios del mundo y sede de la Filarmónica de Berlín. Kirill Petrenko la dirige desde 2019.

4 Kunstgewerbemuseum
La artesanía de toda Europa, desde la Edad Media hasta nuestro tiempo, se exhibe en este museo *(p. 54)*, incluido el tesoro de los güelfos, la plata de Lüneburg y loza del Renacimiento.

5 Kammermusiksaal
Hermana pequeña de la Philharmonie. Esta sala *(p. 62)* dedicada a la música de cámara es de las más prestigiosas de Alemania.

Un clave antiguo

CONSEJO TOP 10
Los miércoles de verano se celebran conciertos gratuitos al mediodía en la Philarmonie.

Cuadros expuestos en la Gemäldegalerie

> **BEBER**
> El café restaurante del Kulturforum resulta un lugar perfecto para reponer fuerzas con un almuerzo ligero y una taza de café.

8 Kunstbibliothek
Matthäihirchplatz 6 ◎ 10.00-18.00 ma-do
La Biblioteca de Arte cuenta con carteles artísticos y publicitarios además de otros objetos, y acoge exposiciones de arquitectura, arte y diseño.

6 Kupferstich-kabinett
Matthäihirchplatz 8 ◎ 10.00-18.00 ma-do
La Galería de Grabados y Dibujos alberga alrededor de 550.000 grabados y 110.000 dibujos de distintos periodos y países.

9 St Matthäuskirche
Matthäihirchplatz 1 ◎ 11.00-18.00 ma-do
stiftung-stmatthaeus.de
Esta iglesia es el único edificio histórico que se conserva en el Kulturforum. Construida por Stüler entre 1844 y 1846, acoge conciertos e instalaciones artísticas. Tras la Segunda Guerra Mundial, se restauraron los daños provocados por las bombas y se convirtió en el centro focal del Kulturforum.

10 Staats-bibliothek
Construida entre 1967 y 1978, la Biblioteca Nacional tiene una de las colecciones más amplias del mundo en alemán, con cinco millones de libros, manuscritos y periódicos.

7 Gemäldegalerie
Matthäihirchplatz 4/6 ◎ 10.00-18.00 ma-do (hasta las 20.00 ju)
El mayor museo de arte de Berlín atesora obras de maestros europeos de la pintura en el moderno Neuebau, construido en 1998 por los arquitectos Heinz Hilmer y Christop Sattler. Expone obras de El Bosco, Tiziano y Rembrandt.

La inconfundible fachada de vidrio de la Gemäldegalerie

Gemäldegalerie

1. *Retrato de Hieronymus Holzschuher*
Alberto Durero realizó este retrato del alcalde de Núremberg en 1529.

2. *Virgen con el Niño y un coro de ángeles*
Esta pintura de 1447 de Sandro Botticelli representa a la Virgen y al Niño rodeados de ángeles portando lirios.

3. *El nacimiento de Cristo*
Es una de las pocas pinturas religiosas que se conservan del alsaciano Martín Schongauer. Fue realizada alrededor de 1480.

4. *Cupido victorioso*
Esta pintura de Caravaggio de 1602, muestra a Cupido, dios del amor, pisoteando los símbolos de la cultura, la gloria, la ciencia y el poder.

Simbología

Zona expositiva

Entrada

Plano de la Gemäldegalerie

5. *Retrato del mercader Georg Gisze*
Esta pintura de 1532 de Hans Holbein, que representa al mercader de la Liga Hanseática Georg Gisze contando su dinero, simboliza al ciudadano rico del Renacimiento.

6. *Retrato de Hendrickje Stoffels*
El retrato que Rembrandt pintó de su amante entre 1656 y 1657 se centra en la modelo e ignora el fondo.

7. *La comedia francesa*
Obra de Antoine Watteau, de la colección de Federico el Grande.

8. *El vaso de vino*
Magistral composición de Vermeer (1658-61) que representa a una pareja bebiendo vino.

9. *Venus y el organista*
Cuadro de Tiziano (1550-1552) que refleja la sensualidad del Renacimiento.

10. *Proverbios flamencos*
Este cuadro de Peter Brueghel de 1559 ilustra más de 100 refranes populares flamencos.

***Retrato del mercader Georg Gisze*, de Hans Holbein**

Kulturforum

TOP 10
ARQUITECTOS DEL KULTURFORUM

1. Hans Scharoun
(Philharmonie)
2. Mies van der Rohe
(Neue Nationalgalerie)
3. James Stirling
(Wissenschaftszentrum)
4. Heinz Hilmer
(Gemäldegalerie)
5. Christoph Sattler
(Gemäldegalerie)
6. Friedrich August Stüler (St Matthäuskirche)
7. Edgar Wisniewski
(Kammermusiksaal)
8. Rolf Gutbrod
(Kunstgewerbemuseum)
9. August Busse Altes
(Wissenschaftszentrum)
10. Bruno Doedens
(Henriette-Herz-Park)

ARQUITECTURA EN EL KULTURFORUM

La construcción del Kulturforum tenía por objeto llenar la gran área situada entre Potsdamer Strasse y Leipziger Platz que había quedado destruida durante la guerra. La idea de crear un paisaje que combinase museos y jardines se atribuye al arquitecto berlinés Hans Scharoun, que diseñó los planos entre 1946 y 1957. También fue él quien ideó el estilo de lo que sería el Kulturforum cuando construyó Philarmonie en 1963: los tejados semejantes a una tienda de campaña del auditorio, la Kammermusiksaal y la Staatsbibliothek fueron obra suya. Tras su muerte, los completó su discípulo Edgar Wisniewski y hoy forman parte del paisaje berlinés. Estos armónicos edificios fueron polémicos en su día, pero hoy se consideran clásicos de la arquitectura moderna.

Techo de "tienda de campaña" de la Filarmónica

Auditorio de la Filarmónica de Berlín, famoso por su excelente acústica

10
JÜDISCHES MUSEUM BERLIN

📍 G5 🏛 Lindenstr. 9-14 🕐 10.00-19.00 diario (última adm.: 18.00) 🌐 jmberlin.de

El Museo Judío es uno de los principales monumentos conmemorativos de la historia y la cultura judía en Alemania. Recorre la relación de los pueblos judío y alemán a lo largo de los siglos. El simbólico diseño del edificio, junto con la importancia de lo que muestra, dejan una profunda huella. La entrada es gratuita para menores de 18 años.

1 Edificio Libeskind
Este edificio, diseño de Daniel Libeskind, es un reflejo de la compleja historia judeoalemana. Su planta en zigzag, sus espacios vacíos de cemento, las angulosas paredes y las ventanas recortadas en la fachada simbolizan la experiencia judía.

2 Edificio antiguo
Este edificio barroco, construido en 1735 como Tribunal de Justicia prusiano, sirve de entrada al edificio Libeskind. Los dos edificios están conectados a través de un pasaje subterráneo. El antiguo alberga la taquilla, el mostrador de información, una tienda y el café Eßkultur.

3 Exposición permanente
La nueva gran exposición, "La vida de los judíos en Alemania: pasado y presente", recorre la cultura, la tradición, la religión y la historia de la comunidad judía en Alemania, desde la Edad Media a la actualidad.

4 Los vacíos
Una línea recta de cinco espacios de

GUÍA DEL MUSEO
La entrada al museo principal (el edificio Libeskind) se realiza a través de un túnel subterráneo. La colección se divide en 14 secciones que recorren la historia y la cultura germanojudía desde los tiempos de la antigüedad hasta nuestros días.

Jüdisches Museum Berlin 51

El edificio Libeskind alberga el museo

cemento, llamados vacíos, corta el eje vertical del edificio Libeskind. Estos espacios tienen por objeto representar el vacío físico permanente que dejó el Holocausto.

5 Instalación Shalekhet
Una de las zonas más conmovedoras del museo es la instalación Shalekhet (*Hojas caídas*, del escultor israelí Menashe Kadishman). Se trata de más de 10.000 caras con la boca abierta realizadas en hierro, que el visitante pisa al atravesar el sugestivo "vacío de la Memoria", en la planta baja del edificio Libeskind.

6 Sala de música
Esta sala, en la que el visitante se adentra en consoladoras composiciones y cánticos melifluos, es un hermoso homenaje a la música judía y a su destacado papel en la vida cotidiana y religiosa.

7 Patio
El impresionante patio cubierto y el jardín adyacente conforman un espacio de tranquilidad en el que reflexionar.

8 Torre del Holocausto
Esta torre de cemento, situada al final del eje del Holocausto, transmite al visitante una sensación de opresión y ansiedad con una única apertura para la luz del sol.

9 El jardín del exilio
El jardín del exilio, situado en una ladera, representa la desorientación e inestabilidad de la vida en el exilio. El jardín es un cuadrado perfecto formado por 49 columnas de cemento; la del centro está llena de tierra de Jerusalén.

> **COMER**
> El Café Lina, situado en el edificio antiguo, sirve almuerzos que varían diariamente, con platos tradicionales judíos e israelitas, además de tartas y cafés.

10 Objetos
Una de las partes más destacadas de la colección permanente son los objetos y enseres que narran la vida de los judíos alemanes. La colección incluye arte, fotografías, artes aplicadas y objetos religiosos.

Las obras de arte reflejan la vida judía en Alemania

Un candelabro de Janucá

LO MEJOR DE BERLÍN

Museos	54
Colecciones de arte	56
Iglesias y sinagogas	58
Edificios históricos	60
Edificios modernos	62
Berlineses famosos	64
Parques y jardines	66
Barrios destacables	68
Berlín en familia	70
Artes escénicas	72
Berlín para LGTBIQ+	74
Bares y discotecas	76
Kneipen (tabernas) y bares	78
Comida local	80
Tiendas y mercados	82
Berlín gratis	84
Festivales y eventos	86

El Holocaust Denkmal

MUSEOS

1 Pergamonmuseum
Este impresionante museo (p. 35) de la Museumsinsel es un gran tesoro de antigüedades. Permanecerá cerrado por obras hasta su reapertura parcial en 2027.

2 Ägyptisches Museum
📍 J5 🏛 Museumsinsel, Bodestr. 1 🕐 10.00-18.00 diario (hasta 20.00 ju) 🌐 smb.museum ↗

La estrella del Museo Egipcio (p. 35), que forma parte del Neues Museum, es el busto de Nefertiti, esposa de Akenatón. Esta obra de piedra caliza, descubierta en 1912, fue copiada por todo el antiguo Egipto. El museo alberga además la *Cabeza verde de Berlín*, un pequeño busto del siglo IV a. C., así como numerosos sarcófagos, momias, murales y esculturas.

3 Deutsches Historisches Museum
El mayor museo de historia de Alemania (p. 27) conduce al visitante a través de la historia de Alemania, desde la Edad Media hasta la actualidad, mediante objetos y documentales.

4 Museum Europäischer Kulturen
Está especializado en arte popular, estilo de vida, tradición y cultura europeos. Con sus aproximadamente 280.000 piezas es uno de los más grandes del mundo en su especie. Ofrece exposiciones temporales y de mayor duración, a menudo en combinación con museos de otros países europeos. Entre su inmensa colección de objetos hay cerámica, trajes, artesanías, joyas, juguetes y herramientas (p. 153).

5 Kunstgewerbemuseum
📍 L1 🏛 Matthäikirchplatz 🕐 10.00-18.00 ma-vi, 11.00-18.00 sá y do 🌐 smb.museum ↗

En el Museo de Artes Decorativas (p. 46) se exhiben objetos de artesanía europeos que abarcan cinco siglos. Las piezas más valiosas son las procedentes del tesoro güelfo en Braunschweig, y del tesoro de plata del consejo de Lüneburg. También hay ejemplos de alfarería italiana, loza renacentista, objetos de cristal, cerámica de estilo barroco alemán, jarrones Tiffany y Jugendstil, además de diseños del siglo XX.

6 Haus am Checkpoint Charlie
El museo (p. 133) en el paso fronterizo de los aliados documenta los acontecimientos relacionados con el Muro de Berlín. Proyecta documentales relacionados con la temática del sitio durante todo el día. Frente al museo está el famoso cartel "You are now leaving the American sector", escrito en inglés, ruso, francés y alemán.

7 Deutsches Technikmuseum
Este apasionante museo alemán dedicado a la historia de la tecnología (p. 133) cuenta con numerosos dispositivos interactivos. Tiene su sede

El moderno edificio Pei alberga el Deutsches Historisches Museum

MUSEOS **55**

Un avión Junkers Ju 52 expuesto en el Deutsches Technikmuseum

en una antigua estación de carga ferroviaria.

8 Jüdisches Museum Berlin

El Museo Judío *(p. 50)*, con sede en un espectacular edificio diseñado por Daniel Libeskind, documenta la relación judeo-alemana a través de los siglos. Hay exposiciones especiales sobre la influencia de los judíos en la vida cultural de Berlín y sobre el filósofo Moses Mendelssohn. Una sala vacía simboliza la pérdida de la cultura judía. Ofrece asimismo un atractivo programa de actividades. La exposición principal se inauguró en 2020.

9 Museum für Naturkunde

Con una inmensa colección de más de 30 millones de fascinantes piezas, el Museo de Historia Natural *(p. 102)* es uno de los mejores de su categoría. En él se exhibe el esqueleto de dinosaurio más grande del mundo, un *giraffatitan* hallado en Tanzania en 1909. La colección incluye otros seis esqueletos de dinosaurios y una gran variedad de fósiles. También merece la pena visitar la sección de meteoritos y minerales.

10 Musikinstrumenten-Museum

📍 L2 🏛 Ben-Gurion-Str 1 🕐 14.00-19.00 ma-do 🌐 sim.sph-berlin.de

En este museo *(p. 46)* se exponen unos 800 instrumentos musicales, como el clave de Federico el Grande. Una de las piezas más destacadas es un órgano empleado en el cine mudo que todavía funciona. El mejor día para visitarlo es el sábado a mediodía.

COLECCIONES DE ARTE

Dama bebiendo con un caballero, de Johannes Vermeer, en la Gemäldegalerie

1 Gemäldegalerie
El mejor museo de arte de Berlín, especializado en arte europeo de los siglos XIII a XIX. Entre sus obras destacan *Dama bebiendo con un caballero,* de Vermeer, *La adoración de los pastores,* de Hugo van der Goes y obras de Rembrandt, Durero, Caravaggio y Rubens *(p. 47).*

2 Alte Nationalgalerie
La Antigua Galería Nacional *(p. 35),* construida por Friedrich August Stüler entre 1866 y 1876, acoge una colección de pintura del siglo XIX (alemana en su mayor parte) con obras de Adolf von Menzel, Wilhelm Leibl, Arnold Böcklin y Max Liebermann. Alberga esculturas de Johann Gottfried Schadow y Reinhold Begas y es uno de los muchos museos de la Museumsinsel *(p. 34)* en la isla del río Spree.

3 Brücke-Museum
Bussardsteig 9 11.00-17.00 mi-lu brueche-museum.de
Este museo imprescindible alberga la colección de obras expresionistas alemanas del movimiento Die Brücke (El Puente), que incluye a Kirchner y Pechstein. Muchas de sus obras fueron etiquetadas como "degeneradas" y destruidas por los nazis.

4 Martin-Gropius-Bau
F4 Niederkirchnerstr. 7 11.00-19.00 lu y mi-vi, 10.00-19.00 sá y do berlinerfestspiele.de/gropius-bau
Recibe el nombre del arquitecto del edificio, Martin Gropius (1824-80), y alberga exposiciones temporales de arte.

5 Kunsthaus Dahlem
N6 Käuzchensteig 8 11.00-17.00 mi-lu
kunsthaus-dahlem.de

Obras expuestas en la Alte Nationalgalerie de la Museuminsel

Colecciones de arte   57

Esta sala de exposiciones de modernismo alemán de posguerra fue construida entre 1939 y 1942 para el escultor Arno Breker. Fue utilizada por el US Information Control Division tras la guerra y después se convirtió en taller para artistas.

6 C/O Berlin
C4 Amerika-Haus, Hardenbergstr 22-24 11.00-20.00 diario co-berlin.org

Situada en la antigua Amerika-Haus, esta galería alberga exposiciones temporales, lecturas y eventos fotográficos históricos y contemporáneos.

7 Berlinische Galerie
G5 Alte Jakobstr 124-128 10.00-18.00 mi-lu berlinischegalerie.de

Se exponen colecciones de pintores, fotógrafos, diseñadores y arquitectos del siglo XX, alemanes, de Europa del Este y rusos.

8 Sammlung Scharf-Gerstenberg
B3 Schlossstr 70 10.00-18.00 ma-do smb.museum

Muestra obras insólitas de los surrealistas y sus precursores, como Goya, Klee, Dalí, Max Ernst y Man Ray.

9 Bröhan-Museum
B3 Schlossstr 1a 10.00-18.00 ma-do (gratis 1er mi del mes) broehan-museum.de

El museo expone objetos Jugendstil y *art déco* procedentes de Europa, y pinturas de artistas berlineses.

10 Hamburger Bahnhof
Esta histórica estación *(p. 118)* alberga arte de la década de 1960 hasta nuestros días, con pinturas, instalaciones y arte multimedia. Tras una reforma del edificio se duplicó el espacio expositivo. Destaca la colección Erich Marx, con obras de Joseph Beuys. También expone obras célebres de Andy Warhol, Jeff Koons y Robert Rauschenberg, y otras más recientes de Anselm Kiefer o Sandro Chiao.

La imponente fachada neoclásica y jardines de la Hamburger Bahnhof

IGLESIAS Y SINAGOGAS

El espléndido altar mayor y el púlpito de la Berliner Dom

1 Berliner Dom
🅿 K5 📍 Am Lustgarten ⏰ Abr-sep: 9.00-20.00 diario; oct-mar: 9.00-19.00 diario (el horario se somete a cambios por los conciertos, comprobar página web) 🌐 berlinerdom.de

La catedral de Berlín (p. 35), el templo más grande y fastuoso de la ciudad, reabrió sus puertas en 1993 tras casi 40 años de trabajos de restauración. Diseñado por Julius Raschdorf entre 1894 y 1905, refleja las aspiraciones de poder del imperio. La escalinata imperial, realizada en mármol negro, es un tributo a la residencia oficial de los Hohenzollern, situada justo enfrente. Varios miembros de esta poderosa dinastía están enterrados en la cripta. Es digna de mención la nave principal, coronada por una cúpula de 85 m de altura. Un púlpito neobarroco del siglo XX y el gigantesco órgano Sauer dominan el espacio interior.

2 St-Hedwigs-Kathedrale
La mayor iglesia católica de Berlín (p. 26) fue un encargo (1747-1773) de Federico el Grande. Permanece cerrada por reformas hasta finales de 2024.

3 Marienkirche
Las obras de la iglesia de Santa María (p. 110), a los pies de la Fernsehturm, comenzaron en 1270. Construida en los estilos gótico y barroco, en 1790 se le añadió una espectacular torre neogótica diseñada por Carl Gotthard Langhans. Una pila bautismal (1437) y el fresco *Danza macabra* (1485) son algunos de sus tesoros más antiguos. El púlpito barroco, ricamente decorado, fue una creación de Andreas Schlüter realizada en el año 1703.

4 Nikolaikirche
🅿 K6 📍 Nikolaikirchplatz ⏰ 10.00-18.00 diario 🌐 en.stadtmuseum.de

La iglesia más antigua de Berlín, se construyó en 1230 en el barrio de Nikolaiviertel. El edificio actual data de alrededor de 1300. Es famoso el pórtico de la pared oeste de la nave principal, obra de Andreas Schlüter, adornado con un relieve dorado que representa a un orfebre y a su esposa. La iglesia fue reconstruida en 1987, y restaurada completamente en 2009. Ahora es un museo sobre la historia de la iglesia y los alrededores. Se suelen celebrar eventos y conciertos.

5 Synagoge Rykestrasse
La sinagoga más grande de Berlín (p. 143), uno de los pocos lugares de culto judío de Alemania que sobrevivieron a la Kristallnacht, conserva el aspecto que tenía cuando fue construida hace casi 100 años.

6 Christi-Auferstehungs-Kathedrale
🅿 B6 📍 Hohenzollerndamm 166 ⏰ Solo durante los servicios 10.00 y 18.00 sá, 10.00 do 🌐 soborberlin.com

Las magníficas cúpulas de la Neue Synagoge

Iglesias y sinagogas 59

El templo ruso ortodoxo más grande de Berlín, la iglesia de la Ascensión de Cristo, es célebre por sus cúpulas bulbiformes. Las misas son en ruso y siguen el ritual ortodoxo.

7 Friedrichswerdersche Kirche
Werderscher Markt

Esta iglesia neogótica fue construida entre 1824 y 1830 por Karl Friedrich Schinkel. Originalmente era el lugar de culto de las comunidades alemana y francesa del distrito de Friedrichswerder. En la actualidad, alberga la excelente colección de escultura de la Alte Nationalgalerie *(p. 35)*.

8 Kaiser-Wilhelm-Gedächtnis-Kirche

Punto de referencia en el Berlín Occidental, esta iglesia neorrománica *(p. 40)* ha sabido incorporar las ruinas de la torre de la iglesia primitiva a los elementos arquitectónicos modernos. El interior de la iglesia está decorado con mosaicos.

9 Neue Synagoge

En su tiempo, fue la sinagoga más grande de Berlín *(p. 101)*, erigida entre 1859 y 1866, pero quedó derruida durante la Segunda Guerra Mundial y

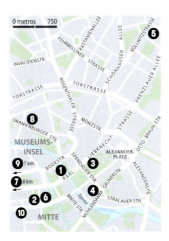

se reconstruyó entre 1988 y 1995. Su cúpula sobresale a lo lejos.

10 Französischer Dom
L4 **Gendarmenmarkt 5**
Verano: 10.00-19.00 diario; invierno: 10.30-18.30 diario
franzoesischer-dom.de

Torre barroca abovedada *(p. 92)* de 66 metros de altura (1780-1789), añadida a la Friedrichstadtkirche, iglesia de los hugonotes de Berlín, como magnífico ornamento.

EDIFICIOS HISTÓRICOS

1 Reichstag
La sede del Deutscher Bundestag, el Parlamento alemán (p. 24), con su cúpula espectacular, atrae a multitud de visitantes.

2 Siegessäule
Columna triunfal en Tiergarten (p. 117) coronada por una estatua de Victoria. Fue diseñada por Heinrich Strack tras la victoria prusiana en la guerra que enfrentó a Dinamarca y Prusia en 1864, y rehabilitada en 2010.

Estatua de la Victoria en Siegessäule

3 Rotes Rathaus
El Ayuntamiento de Berlín (p. 101), llamado Ayuntamiento Rojo por el color de sus ladrillos procedentes de la provincia de Brandeburgo, es un vestigio de los días de gloria en que Berlín era capital del imperio germánico. Construido entre 1861 y 1869 según el diseño de Hermann Friedrich Waesemann, sus grandiosas proporciones simbolizaban el esplendor de la ciudad. La estructura está inspirada en los palacios renacentistas italianos y la torre recuerda a la catedral francesa de Laon.

4 Puerta de Brandeburgo
Más que un monumento, la Puerta de Brandeburgo (p. 22) es sinónimo de Berlín. Inspirada en la entrada de la Acrópolis de Atenas, lleva vigilando la ciudad desde 1791.

5 Schloss Charlottenburg
Construido en 1695, la decoración barroca y rococó y sus magníficos jardines convierten a este palacio (p. 42) en uno de los más atractivos de Alemania. Está compuesto de dos edificios: el Altes Schloss (palacio antiguo) y la Neuer Flügel (nueva ala).

Edificios históricos

El grandioso Reichstag coronado con una moderna cúpula de cristal

6 Schloss Bellevue
E3 ◆ Spreeweg 1 ◆ Al público ◆ bundespraesident.de

Construido siguiendo unos planos de Philipp Daniel Boumann entre 1785 y 1790, este palacio con fachada neoclásica alojó a los Hohenzollern hasta 1861. Desde 1994 es la residencia oficial del presidente de la República Federal. Las oficinas presidenciales ocupan un moderno edificio ovalado contiguo al palacio.

7 Konzerthaus
El Auditorio es una de las obras maestras de Karl Friedrich Schinkel. Construido entre 1818 y 1821, recibía el nombre de Schauspielhaus (teatro) y fue utilizado como tal hasta 1945. Durante la Segunda Guerra Mundial resultó dañado y después reabrió en 1984 transformado en Konzerthaus (p. 92). El edificio posee un pórtico decorado con columnas jónicas y esculturas que representan personajes históricos y alegóricos, leones y panteras, así como divinidades, musas y bacantes.

8 Hackesche Höfe
Conjunto arquitectónico (p. 101) del siglo XIX formado por ocho patios comunicados entre sí, algunos decorados en estilo Jugendstil por August Endell. A principios de la década de 1990 el complejo fue renovado. El primero de los patios es especialmente encantador: azulejos esmaltados de colores con formas geométricas recubren la paredes del edificio en el que se encuentra. En el último patio, los árboles se agrupan alrededor de un pozo romántico. El Hackesche Höfe es uno de los lugares de moda de Berlín, especialmente en fin de semana; sus restaurantes, cafés, un cine y el teatro Chamäleon atraen a visitantes.

9 Altes Museum y Lustgarten
La fachada del Viejo Museo (p. 32), uno de los museos neoclásicos más hermosos de Europa, destaca por sus 18 columnas jónicas que sostienen el pórtico. Realizado en 1830 según planos de Karl Friedrich Schinkel, fue uno de los primeros edificios concebidos como museo. En un principio estaba destinado a albergar la colección Real de pintura, pero en la actualidad es un museo de antigüedades. Frente a él se halla un jardín diseñado por Peter Joseph Lenné. Creado para ser el herbolario particular del rey, ahora está decorado con una fuente monolítica de granito, realizada por Gottlieb Christian Cantian.

10 Zeughaus
Diseñado por J. A. Nering como el primer edificio barroco de Berlín, el antiguo arsenal real es hoy sede del Deutsches Historisches Museum (p. 27). Tiene un anexo moderno del arquitecto I. M. Pei.

EDIFICIOS MODERNOS

Reluciente cubierta de acero y vidrio del Center am Potsdamer Platz

1 Das Center am Potsdamer Platz (antes Sony Center)
Este espectacular conjunto (p. 30), con su peculiar cubierta, es una de las estructuras más grandes de Berlín.

2 Neue Nationalgalerie
Imponente edificio (p. 46) diseñado por Mies van der Rohe y construido entre 1965 y 1968. Fue el primer trabajo del pionero arquitecto de la Bauhaus a su regreso a Berlín, tras años de exilio en Estados Unidos. Utilizó sus diseños para la sede central de la compañía Bacardi, un antiguo proyecto frustrado por la revolución cubana. La colección reúne lo mejor del arte europeo y norteamericano del siglo XX.

3 Quartiere 205-207 Friedrichstrasse
Las Galerías Lafayette y el Friedrichstadtpassagen se encuentran dentro de estos tres bloques de oficinas de Nouvel, Pei y Ungers.

4 Hauptbahnhof
J2 Hauptbahnhof
La mayor estación de tren de Europa ocupa el lugar de la histórica Lehrter Bahnhof. Su estructura de acero y cristal alberga tiendas y hostelería.

5 Philharmonie y Kammermusiksaal
Los dos modernos auditorios (p. 46) del Kulturforum fueron diseñados por Hans Scharoun en 1961 y 1987, respectivamente. La Kammermusiksaal (sala de cámara) fue completada tras la muerte de Scharoun, en 1972, por uno de sus discípulos, Edgar Wisnieswki. Ambos edificios son famosos por su excelente acústica y sus peculiares tejados con forma de tienda de campaña.

Bundeskanzleramt, sede de la Cancillería alemana

6 Bundeskanzleramt
K2 **Willy-Brandt-Str 1**
Al público

El moderno edificio que alberga la Cancillería, es el único de la ciudad obra de un arquitecto local. Axel Schultes diseñó un complejo de forma alargada y grandes proporciones al norte del Reichstag, en la ribera del río Spree. En el centro se alza un cubo brillante de color blanco con ventanas circulares, al que los berlineses enseguida apodaron La lavadora. El interior ha sido decorado con valiosas pinturas modernas. La oficina del canciller, en la séptima planta, tiene vistas al edificio del Reichstag.

7 Nordische Botschaften
D4 **Rauchstr** **Galería: 10.00-19.00 lu-vi, 11.00-16.00 sá y do** **nordicembassies.org**

El edificio que acoge a las embajadas de los países nórdicos ha causado un gran revuelo: sus contraventanas de color verde se abren o cierran según la intensidad de la luz del sol. Suele acoger exposiciones de arte y hay una cantina y una cafetería.

8 Kant-Dreieck
C4 **Kantstr 155**

La enorme "aleta de tiburón" que corona la sede del grupo KapHag, construida entre 1992 y 1995, se ha convertido en un símbolo del nuevo Berlín. La veleta de aluminio está diseñada para girar como una vela movida por el viento. La estructura, conocida como el Triángulo de Kant, fue concebida con una altura mayor, pero el plan fue vetado por el Senado berlinés.

9 Ludwig-Erhard-Haus
C4 **Fasanenstr 85** **8.00-17.00 lu-ju, 8.00-16.00 vi** **ihk.de/berlin/leh**

La sede de la Bolsa de Berlín, Ludwig-Erhard-Haus, fue diseñada por el arquitecto británico Nicholas Grimshaw entre 1994 y 1998. Los berlineses la llaman El armadillo por los 15 arcos gigantescos que recubren el edificio abovedado.

10 DZ Bank de la Pariser Platz
Este elegante edificio (p. 23) de Frank Owen Gehry combina las arquitecturas prusiana y moderna. Destaca la gigantesca cúpula.

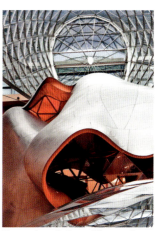

Una escultura de formas libres en el interior del edificio del DZ Bank

BERLINESES FAMOSOS

Marlene Dietrich, la célebre actriz nacida en Berlín

1 Marlene Dietrich
La famosa estrella de cine (1901-1992), nacida en Schöneberg, comenzó su carrera en el Berlín de los años veinte. El éxito le llegó con el *El ángel azul* (1931). Está enterrada en el cementerio de Friedenau, en Steglitz. Muchos de sus objetos personales se exponen en la Deutsche Kinemathek *(p. 30)*.

2 Albert Einstein
Albert Einstein (1879-1955) director del Instituto de Física Káiser Guillermo, obtuvo en 1921 el Premio Nobel de Física, aunque es más conocido por la teoría de la relatividad, desarrollada en 1905. Einstein vivió y trabajó la mayor parte de su vida en Potsdam, pero sus conferencias y actividad académica lo mantuvieron unido a la capital berlinesa. Einstein, judío, tuvo que emigrar en 1933 a Estados Unidos, donde permaneció hasta su muerte.

3 Bertolt Brecht
Nacido en Augsburgo (Baviera), Bertolt Brecht (1898-1956) escribió algunas de sus grandes obras, como *La ópera de cuatro cuartos*, en un apartamento en Charlottenburg. Durante el Tercer Reich emigró a Estados Unidos y terminada la Segunda Guerra Mundial regresó a Alemania para fundar el Berliner Ensemble de Berlín Oriental, en 1949. Brecht vivió hasta su muerte en la Chausseestrasse, con su mujer Helene Weigel. Su casa es hoy un museo.

4 Robert Koch
Robert Koch (1843-1910), pionero de la medicina moderna, fue director del Instituto de Enfermedades Infecciosas, aunque también enseñaba y trabajaba en el Charité Hospital. En 1905 recibió el Premio Nobel de Física por sus descubrimientos en el campo de la investigación de la tuberculosis.

5 Käthe Kollwitz
La escultora y pintora Käthe Kollwitz (1867-1945) denunció la situación de las capas más desfavorecidas. Sus escritos constituyen un compendio muy vívido del sufrimiento humano. Kollwitz pasó gran parte de su vida en un modesto apartamento de la calle que lleva su nombre, en el distrito berlinés de Prenzlauer Berg. Un monumento recuerda su obra y una reproducción ampliada de su *Pietà* en Neue Wache *(p. 26)* adorna el monumento en memoria de los caídos en la guerra.

6 Herbert von Karajan
Este famoso maestro austriaco (1908-1989) fue director de la Filarmónica de Berlín desde 1954 hasta 1989. Bajo su batuta la orquesta adquirió su sonido característico, famoso aún hoy día.

El director Herbert von Karajan

Berlineses famosos **65**

El famoso poeta y novelista alemán Theodor Fontane

7 Theodor Fontane

Fontane (1819-1898) fue uno de los novelistas y poetas alemanes más influyentes del siglo XIX. Fue también periodista y crítico. Solía escribir sus artículos y crónicas sentado en el Café Josty, en Potsdamer Platz. Fontane es especialmente conocido por su novela *Effie Briest* y por los cinco volúmenes de sus diarios *Paseos por la provincia de Brandeburgo*.

8 Jacob y Wilhelm Grimm

Los hermanos Jacob (1785-1863) y Wilhelm (1786-1859) Grimm son mundialmente famosos por su recopilación de cuentos populares, como *Caperucita Roja*, *Hansel y Gretel* y *Rumpelstiltskin*. De igual importancia fueron sus aportaciones en lingüística. Su *Gramática alemana* y su *Diccionario de alemán* continúan siendo obras de referencia.

9 Georg Wilhelm Hegel

El influyente filósofo Hegel (1770-1831) enseñó en la Universidad de Humboldt desde 1818 hasta su muerte. Sus enseñanzas siguen siendo hoy día fuente de inspiración.

10 Nina Hagen

La cantante, compositora y actriz nació en Berlín Oriental en 1955. Conocida por su estilo excéntrico y teatral, estuvo a la vanguardia del movimiento punk.

TOP 10 INNOVADORES

1. Johann Gottfried Moritz *(nacido en 1777)* **y Wilhelm Wieprecht** *(nacido en 1802)*
Wieprecht y Moritz crearon la tuba baja y consiguieron la patente en 1835.

2. Katharina (Käthe) Paulus *(nacida en 1868)*
Primera piloto profesional de globos de Alemania. Consiguió una patente por crear el primer paracaídas plegable en 1921.

3. Otto Lilienthal *(nacido en 1848)*
Pionero de la aviación alemana, hizo más de 2.000 vuelos en planeador e inició la primera producción estándar de un avión.

4. Ernst Litfaß *(nacido en 1816)*
Este editor inventó la *litfaßsäule*, una columna cilíndrica de pie con publicidad que sigue llevando su nombre.

5. Friedrich von Hefner-Alteneck *(nacido en 1845)*
Este ingeniero, mientras estaba en Siemens, creó una armadura de hojalata que fue crucial en la invención del tranvía eléctrico.

6. Reinhold Burger *(nacido en 1866)*
En 1904 Burger patentó el termo de vacío Thermos a partir de los trabajos de sir James Dewar *(nacido en 1842)*.

7. Oskar Picht *(nacido en 1871)*
Director de un colegio para personas con problemas de visión, desarrolló una de las primeras máquinas de escribir en braille del mundo.

8. Maximiliam Negwer (nacido en 1872)
Empresario que inventó una cómoda protección para los oídos a base de cera, vaselina y algodón.

9. Konrad Zuse *(nacido en 1910)*
Zuse es conocido por crear el Z1, el primer ordenador programable.

10. Herta Heuwer *(nacida en 1913)*
En 1949, Heuwer creó la *currywurst* (salchicha con salsa de curri) en su puesto.

PARQUES Y JARDINES

1 Grosser Tiergarten
Tiergarten (p. 117), el pulmón verde de Berlín, es el parque más famoso de la ciudad. Ocupa más de 200 hectáreas en pleno centro de la ciudad. Fue diseñado por Peter Joseh Lenné entre 1833 y 1840 como recinto de caza para el elector. En la segunda mitad del siglo XIX se convirtió en parque público. Atrae a ciclistas, corredores, amantes del sol y pícnics familiares, sobre todo los fines de semana.

2 Schlosspark Charlottenburg
◘ B3 ◘ Schloss Charlottenburg, Spandauer Damm
◘ Amanecer-anochecer diario
◘ spsg.de

Uno de los espacios verdes más atractivos de toda Alemania. Situado detrás de Schloss Charlottenburg (p. 42), se compone de un jardín barroco, pequeño pero encantador, seguido de un gigantesco parque que data de principios del XIX. Diseñado en estilo inglés, cuenta con pequeños lagos artificiales, estanques, pabellones escondidos y sombrías alamedas a orillas de los arroyuelos. Perfecto para pasear y tomar el sol.

3 Grunewald y Teufelsberg
Grunewald (p. 152) o "bosque verde", es el bosque público al suroeste de Berlín. Es la zona boscosa menos densamente construida de la ciudad y algunas áreas son muy tranquilas y aisladas, siendo el hogar incluso de jabalíes. Alberga también la torre de escuchas Teufelsberg, de la época de la Guerra Fría.

4 Pfaueninsel
La isla del Pavo Real (p. 153), ubicada en el centro de Grosser Wannsee y accesible solo por ferri es un lugar romántico y de esparcimiento fuera del centro. En el siglo XIX la isla servía de nido de amor al rey Federico Guillermo II. El capricho, que imita un castillo en ruinas, esta actualmente cerrado por obras. Se puede disfrutar de los espacios verdes, con docenas de pavos reales.

5 Viktoriapark y Kreuzberg
Viejo parque municipal (p. 134) concebido entre 1888 y 1994 para los obreros del lugar. Es muy frecuentado para ver la puesta de sol. Los prados que rodean Kreuzberg, que se elevan 30 m, son ideales para tomar el sol. En una pequeña colina hay un monumento a las guerras de liberación prusianas.

6 Botanischer Garten
◘ Königin-Luise-Str. 6-8
◘ Jardín: 9.00-anochecer diario; museo: 10.00-18.00 diario
◘ bgbm.org ◘

El jardín botánico del siglo XIX es un paraíso de flores y plantas en el suroeste de Berlín: cuenta con 15 invernaderos, pequeñas colinas y pintorescos estanques. En la casa de las Palmas, diseñada por Alfred Koerner, hay bambú gigante del sur de Asia de 26 metros. También hay un museo sobre el mundo de la microbiología.

El hermoso Schlosspark Charlottenburg frente al palacio

Parques y jardines **67**

Estatuas de personajes de cuentos en la fuente del Volkspark Friedrichshain

7 Volkspark Friedrichshain
H2 Am Friedrichshain/Friedenstrasse 24 horas, diario
El parque más antiguo de Berlín (1840) es un paisaje artificial de prados, lagos, y dos enormes pilas de cascotes que le han valido el sobrenombre de "Mount Klamott" (monte escombro). Tiene una fuente con figuras de los cuentos de hadas.

8 Tierpark Berlin
Fundado en 1955, este zoo *(p. 148)* está situado en los jardines del palacio de Friedrichsfelde. En él viven unas 860 especies animales.

9 Treptower Park
Parque y jardín *(p. 148)* del siglo XIX a orillas del Spree. Es famoso por el monumento dedicado a la Unión Soviética, junto a las tumbas de 7.000 soldados del Ejército Rojo.

10 Britzer Schloss y jardines
Alt-Britz 73 Palacio: 11.00-18.00 ma-do; jardines: 9.00-anochecer diario
 schlossbritz.de
El palacio de Britz, que data de 1706, está en un parque agradable y cuenta con muebles del periodo Gründerzeit (posterior a 1871).

TOP 10 LAGOS, RÍOS Y CANALES

1. Río Spree
K1- L7 Mitte, Tiergarten
Rutas en barco guiadas, cruceros nocturnos y relajantes paseos por la orilla.

2. Teufelssee, Grunewald
Es uno de los lagos más limpios y tranquilos de Berlín, visitado por nudistas y amantes de los perros.

3. Grosser Müggelsee
En verano, el lago más grande de Berlín *(p. 149)* se llena de bañistas, navegantes y surferos.

4. Schlachtensee
Es el más popular después del Wannsee, así que mejor ir entre semana.

5. Strandbad Wannsee
La mayor playa interior de Europa *(p. 155)*, hermosa y blanca.

6. Lietzensee
A4 Kaiserdamm
No es apto para el baño, pero las praderas circundantes son idílicas.

7. Krumme Lanke, Fischerhüttenweg
Muchos no lo consideran suficientemente limpio para el baño, pero parece más limpio que Schlachtensee.

8. Landwehrkanal
C3-G5 Lützowplatz
Las rutas en barco permiten contemplar los puentes más bonitos de Berlín. O alquilar su propio barco.

9. Tegeler See, Alt-Tegel
El Greenwich Promenade, que une Tegeler Hafen (puerto) con Schwarzer Weg, es un agradable paseo.

10. Neuer See
M3 Grosser Tiergarten
Este sereno lago está escondido en el inmenso Grosser Tiergarten. En su orilla se encuentra el Café am Neuen See *(p. 119)*.

BARRIOS DESTACABLES

1 Kreuzberg
Al igual que muchos barrios de Berlín, el Kreuzberg (p. 132) cambia dependiendo de dónde estés. Al norte se encuentran destinos clave de la ciudad, como el Jüdisches Museum (p. 50), mientras que el este es anticonvencional y multicultural, enclave de vida nocturna clandestina y de la mejor comida turca de la ciudad (lo habitan numerosos turcos). Por último, el oeste es frondoso y repleto de edificios señoriales del siglo XIX.

2 Mitte
Mitte, que significa centro, lo es literal y metafóricamente. Su merecida importancia se debe a haber sido el germen fundacional de Berlín y a albergar hoy iconos como la Museumsinsel (p. 34) o Potsdamer Platz (p. 30). Todavía contiene remansos de paz como el frondoso Moabit o el Scheunenviertel, un centro de arte urbano.

3 Neukölln
Neukölln lleva tiempo siendo el barrio más moderno de Berlín, pero no pierde el gancho. Es una de las zonas con mayor crecimiento, hogar de expatriados y jóvenes creadores, atraídos por los alquileres económicos, las tiendas de segunda mano y el parque adulto que es Tempelhofer Feld (p. 136). A pesar de la gentrificación, conserva su genuina multiculturalidad, con una poderosa comunidad de Oriente Medio que aporta buenos locales de comida en la "calle árabe", Sonnennalle.

4 Schöneberg
Este barrio, epicentro del Berlín LGTBIQ+ desde los años 20 del siglo pasado, es un imán de artistas y liberales (David Bowie pasó aquí sus años berlineses). Sigue siendo un bastión gay, con banderas multicolores ondeando en restaurantes y librerías, y bares de ambiente. Sus frondosas calles residenciales permiten dar estupendos paseos y sus zonas de columpios son insuperables.

5 Charlottenburg
La zona más adinerada de la ciudad (p. 122) mantiene el *glamour* de los viejos tiempos, sobre todo en torno a Kurfürstendamm (p. 38), un bulevar con tiendas exclusivas, y al pretérito Schloss Charlottenburg (p. 42). Aunque no todo es opulencia, y los agradables cafés y los excelentes restaurantes asiáticos acogen a los turistas.

Barrios destacables 69

Conversaciones bebida en mano en una terraza del Kreuzberg

6 Friedrichshain
¿Ganas de fiesta? Friedrichshain es el vibrante epicentro de las discotecas berlinesas, con un poderoso aire punk envolviendo antros y clubs legendarios como Berghain *(p. 150)*. Durante el día mantiene el encanto, con tiendas de comida orgánica, cafés agradables y un famoso mercadillo dominical en verano, todo en torno a la zona de Boxhagener Platz *(p. 148)*.

Barcos en la orilla de Treptower Park, una bonita zona verde en Treptow.

7 Prenzlauer Berg
Antes de aburguesarse, P-Berg *(p. 140)* era en los años 90 un barrio bohemio. Todavía quedan restos entre los frondosos parques y las comedidas *boutiques*. Desde luego, tiene algunas de las mejores cervecerías de la ciudad y, los domingos, se pone en marcha con un mercadillo y su legendaria sesión de karaoke al aire libre.

8 Wedding
Pocos turistas llegan a Wedding; razón de más para visitarlo. Este barrio lentamente en alza, multicultural y modesto, se mantiene a salvo de la gentrificación y ofrece restaurantes asequibles, una arquitectura ecléctica y numerosos espacios verdes.

9 Treptow
Muchos turistas lo pasan por alto camino del centro, pero este oasis de verdor al sureste de la ciudad es un remanso de paz. Más parecido a un pueblo que a un barrio de las afueras, posee una serie de pintorescos lagos y frondosas zonas verdes y es por ello ideal para un paseo o pícnic a orillas del Spree.

10 Grunewald
El extenso Grunewald *(p. 152)* se haya a un corto trayecto en S-Bahn al oeste del centro, y alberga senderos forestales y el lago Teufelsee. Incluso aquí, hay espacio para el arte callejero y Teufelsberg *(p. 156)*, la antigua estación de escuchas de la Guerra Fría, ha sido tomada por el grafiti. Una perfecta escapada del centro.

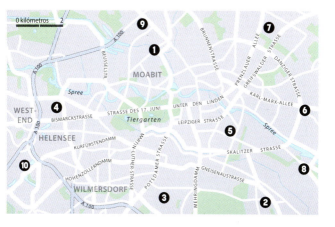

BERLÍN EN FAMILIA

1 Museum für Naturkunde
El Museo de Historia Natural de Berlín (*p. 102*) posee el mayor esqueleto de dinosaurio expuesto del mundo y una atractiva presentación de los fondos.

2 Deutsches Technikmuseum
El Museo de la Tecnología (*p. 133*) es un patio de juegos gigantesco para los niños, que aprenden mientras se divierten. Hay locomotoras, molinos de viento y el Science Center Spectrum, donde los más mayores pueden realizar sus propios experimentos de física y tecnología.

La sala de los dinosaurios en el Museum für Naturkunde

3 Filmpark Babelsberg
Este parque de atracciones cinematográfico para niños y adultos cuenta con emocionantes tiroteos, un set de rodaje con un submarino y una ciudad del salvaje Oeste. En su época, entre 1917 y 1945, estos estudios en Babelsberg se encontraban entre los más prestigiosos del mundo. Por todas partes, hay figuras y utilería de famosas películas alemanas. Un espectáculo con especialistas recrea escenas de peleas, persecuciones de coches y efectos pirotécnicos como los de *Malditos bastardos*, *Valkiria* y *Anonymous*, todas ellas rodadas aquí (*p. 162*).

4 Labyrinth Kindermuseum
Osloer Str. 12 · 13.00-18.00 ju y vi (desde 11.00 sá y do) · labyrinth-kindermuseum.de

Este museo para niños de Berlín resulta especialmente indicado para los pequeños en edad preescolar. Cada año organiza tres o cuatro exposiciones monográficas divertidas como, por ejemplo, "Orquesta de ollas y sartenes". Todas son interactivas, permitiendo a los niños experimentar. Consulte la web para ver los detalles de exposiciones y actos especiales.

5 Grips-Theater
D3 · Altonaer Str. 22 · Para horarios de funciones, visitar página web · grips-theater.de

En este célebre teatro para niños lleva representándose el musical *Linie 1*

Niños jugando sobre una estatua en el Filmpark

La entrada de LEGOLAND® Discovery Center

Berlín en familia 71

desde 1986. La obra, dirigida a niños mayores y adolescentes, utiliza una línea de metro que va desde Kreuzberg a Ku'damm como metáfora de la vida en la gran ciudad. Los espectáculos son en alemán.

6 Museum der Illusionen
G3 ⌂ Karl-Liebknecht-Str. 9
🕐 10.00-20.00 diario
🌐 illuseum-berlin.de

Las peculiares habitaciones de este museo hacen pensar a los visitantes que son, por ejemplo, gigantes; cada uno de los trucos va acompañado de su explicación científica.

7 Zeiss-Grossplanetarium
En este planetario, estrellas, planetas y nebulosas artificiales, transportan al espectador a lejanas galaxias (p. 144).

8 Puppentheater-Museum
H6 ⌂ Karl-Marx-Str. 135
🕐 14.00-18.00 ma-do
🌐 puppentheater-museum.de

En este divertido museo de marionetas los niños tienen la oportunidad de hacer sus propias representaciones y jugar a ser directores de teatro.

9 Futurium
⌂ Alexanderufer 2 🕐 10.00-18.00 mi-lu 🌐 futurium.de/en

Inaugurado en 2019, el llamativo edificio de Futurium en el Spree plantea la siguiente cuestión: "¿Cómo queremos vivir en el futuro?". La exposición, interactiva y fascinante, se divide en tres secciones: naturaleza, ser humano y tecnología. Merece especialmente la pena para aquellos que viajen con niños.

10 LEGOLAND® Discovery Centre
Además de cine 4D y recorridos por el primer LEGOLAND® interior del mundo (p. 31), ofrece actividades prácticas, como talleres para construir edificios.

ARTES ESCÉNICAS

1 Staatsoper Unter den Linden
La compañía teatral y la orquesta de la ópera de Berlín gozan de una merecida reputación. Fundado por Federico el Grande, este teatro de la ópera *(p. 26)* es el lugar donde ver a las estrellas de la música clásica.

2 Philharmonie
El templo alemán de la música clásica sigue ofreciendo las mejores representaciones del mundo. Diseñado por Scharoun, el auditorio *(p. 46)* posee una excelente acústica, muy apreciada por artistas y aficionados. Las entradas para los conciertos de la Orquesta Filarmónica de Berlín se agotan con semanas de antelación.

3 Deutsche Oper
El teatro de la ópera más moderno de Berlín *(p. 128)*, con su elegante diseño, fue construido en 1961 donde se encontraba la antigua Deutsches Opernhaus, destruida durante la Segunda Guerra Mundial. Los 88 bloques descoloridos elegidos por el arquitecto Fritz Bornemman para la fachada principal reemplazaron al pórtico clásico, decisión no exenta de polémica. Se celebran conciertos, óperas y ballets, y tiene una amplia programación infantil.

4 Chamäleon-Varieté
J5 Rosenthaler 40-41 Hachesche Höfe Para representaciones, consultar página web Lu chamaeleon.com

Este pequeño teatro alternativo, Chamäleon, se fundó en 2004 y es famoso por su programación singular e innovadora. Las representaciones destacan por su ingenio y creatividad, y suelen ser espectáculos circenses modernos con una mezcla de música, teatro y acrobacias. Si uno se sienta en la primera fila, es muy posible que acaben por hacerle subir al escenario.

5 Bar jeder Vernunft
C5 Schaperstr. 24 (aparcamiento Freie Volksbühne) Taquilla: 12-00-19.00 lu-sá, 15.00-19.00 do y festivos. bar-jeder-vernunft.de

Este pequeño local, cuyo nombre significa "carente de toda razón", es un popular teatro de comedia. Ofrece un programa humorístico –y a veces romántico– con *chansons*, musicales, cabaré, *slapstick* y comedia, todo en un curioso entorno: una barraca recubierta de espejos de los años veinte. Aquí han actuado estrellas nacionales e internacionales, entre ellas Tim Fischer, Georgette Dee, las Pfister Sisters y Gayle Tufts, y viejas glorias como Otto Sander.

6 Deutsches Theater
La programación del Teatro Alemán *(p. 104)* –uno de los mejores– incluye obras clásicas en la tradición de Max Reinhardt, actor y director que trabajó en él. El DT Baracke, por su parte, acoge teatro experimental de jóvenes dramaturgos.

Actuación de un grupo de bailarines en la Deutsche Oper

Artes escénicas 73

7 Theater des Westens
Además de producir sus propios espectáculos, como *La Cage aux Folles*, acoge otros de fuera como *Blue Man Group* y *Mamma Mia* (p. 128).

8 Friedrichstadt-Palast
- J4
- Friedrichstr. 107
- palast.berlin/en

Los brillantes azulejos de cristal y un neón con plumas blancas adornan la llamativa fachada del Friedrichstadt-Palast, cuyas esbeltas bailarinas son tan famosas hoy como lo fueron en la década de 1920. Su anterior sede fue destruida durante la Segunda Guerra Mundial y reemplazada en los años ochenta con este edificio. Reputado como el mayor espectáculo de variedades del mundo, su programación es actualmente incluso más diversa y popular.

Estatua en la fachada del Theater des Westens

9 Hebbel am Ufer
- F5
- Hallesches Ufer 32
- Actuaciones diarias, visitar página web
- hebbel-am-ufer.de

El Hebbel am Ufer es un lugar de culto en Berlín por su moderna y variada programación de conciertos, danza, música y representaciones teatrales. En él actúan los mejores artistas de todo el mundo.

10 Volksbühne
- H2
- Rosa-Luxemburg-Platz
- volksbuehne-berlin.de

Inaugurado en 1914 como el "teatro del pueblo", el icónico y vanguardista Volksbühne ofrece teatro, danza y actuaciones musicales cosmopolitas y arte visual contemporáneo.

BERLÍN PARA LGTBIQ+

Participantes en el desfile del Día del Orgullo Gay en Berlín

1 Día del Orgullo Gay

Todos los veranos, el principal festival alemán del orgullo *(p. 86)* convierte a Berlín en una fiesta callejera. Miles de personas desfilan para celebrar la comunidad LGTBIQ+. El recorrido transcurre desde Kurfürstendamm, por Strasse des 17 juni, hasta Siegessäule (Columna de la Victoria). Por la noche, la fiesta continúa en los muchos bares y locales gais de la ciudad.

2 *Siegessäule*
W siegessaeule.de

La publicación gay más antigua de Berlín toma su nombre de la Columna de la Victoria. Es una revista mensual con información útil: cartelera, anuncios y entrevistas sobre el mundo gay de la capital. Está disponible gratis en cafés y tiendas LGTBIQ+.

3 Mann-o-Meter
📍 E5 🏠 Bülowstr. 106
⏰ 17.00-22.00 ma-vi, 16.00-20.00 sá y do W mann-o-meter.de

Conocido centro de asesoramiento para la comunidad gay y bisexual que ofrece todo tipo de ayuda: apoyo psicológico a enfermos de sida, asesoría legal y sobre sexo seguro, y ayuda para buscar alojamiento. El Mann-o-Meter también es un buen punto de partida para los recién llegados a Berlín que deseen ponerse al corriente de la vida LGTBIQ+ que ofrece la ciudad. Hay también una cafetería.

4 SchwuZ
🏠 Rollbergstr. 26
⏰ 23.00 mi, vi y sá
W schwuz.de

Ubicado en una antigua fábrica de cerveza en Neukölln, este animado local lleva abierto desde 1977 y se considera uno de los mejores para fiestas LGTBIQ+ en Berlín, muchas de ellas temáticas. Se puede encontrar la información en las revistas *Siegessäule* o también en la página de Facebook.

Arte sobre la historia de la comunidad LGTBIQ+ en el Schwules Museum

5 Schwules Museum
- E4 Lützowstr. 73
- 14.00-18.00 lu, mi-do (hasta 20.00 ju, hasta 19.00 sá)
- schwulesmuseum.de

Este pequeño museo gay creado en 1984 y situado en Tiergarten organiza exposiciones temporales que documentan la trayectoria de los colectivos LGTBIQ+ desde el siglo XIX. Junto al museo, hay un archivo, una pequeña biblioteca y una sala para actividades culturales.

6 Tom's Bar
- D5 Motzstr. 19
- Desde 22.00 diario
- tomsbar.de

Este *pub* tradicional en Motzstrasse es un importante lugar de reunión de homosexuales, que acuden aquí en busca de pareja. Absténganse los tímidos: en el piso de abajo hay un cuarto oscuro.

7 Prinz-Eisenherz-Buchhandlung
- D5 Motzstr. 23
- 10.00-20.00 lu-sá
- prinz-eisenherz.buchkatalog.de

Primera librería abiertamente gay de Alemania, cuenta con ejemplares de todas las publicaciones alemanas e internacionales sobre la comunidad LGTBIQ+. Sus dependientes localizan libros raros y descatalogados. Acoge numerosas charlas literarias.

8 SilverFuture
- H6 Weserstr. 206
- 17.00-2.00 diario (hasta 3.00 vi y sá) silverfuture.net

Este bar de ambiente tiene un público variado. El local es conocido por ser un espacio seguro y sin discriminación.

9 Stueck
- H5 Schlesische Str 16, 10997 Berlin-Kreuzberg
- Desde 19.00 lu-sá

Stueck ocupa el local donde estaba el famoso bar de ambiente Barbie Deinhoff, cuya historia sobrevive en las paredes del nuevo. El bar mantiene la popularidad de su "dos por uno" de los martes. Los jueves están reservados a la clientela femenina, trans y no binaria.

10 SO36
Un clásico del Kreuzberg, esta tristemente célebre sala de baile *(p. 138)* ha gozado de gran fama desde hace años y atrae a clientela variada. La legendaria fiesta Café fatal se organiza cada sábado noche al son de viejos éxitos alemanes.

BARES Y DISCOTECAS

1 House of Weekend
📍 J6 🚇 Alexanderstr. 7
🕐 Desde 22.00 vi y sá, 12.00 do
🌐 weekendclub.berlin

Este local, situado en el ático de un viejo bloque soviético con excelentes vistas a Alexandreplatz, es un local de moda sorprendentemente sencillo con música *house*, tecno y electropop frecuentado por jóvenes a la última.

2 Tresor Club
📍 L7 🚇 Köpenicker Str. 70
🕐 11.00-18.00 mi-sá 🌐 tresorberlin.com

El primer club de tecno de Berlín. Tresor Club abrió sus puertas en 1991 en las salas abovedadas del antiguo centro comercial Wertheim. Hoy en día, Tresor se encuentra en una antigua central eléctrica y sigue presentando lo último en música electrónica con un programa completo de músicos y DJ.

3 Kater Blau
📍 K7 🚇 Holzmarhstrastr 25 🌐 katerblau.de

Un local de tecno con dos pistas de baile, famoso porque los viernes y fines de semana organiza fiestas que empiezan a media noche y terminan la tarde del día siguiente. El área exterior da al río e incluye un barco fondeado permanentemente, el Agnes. Comprobar la página web para calendario de eventos.

4 SilverWings Club
Situado en el edificio del antiguo aeropuerto Tempelhof *(p. 136)*, este auténtico club de oficiales de la fuerza aérea estadounidense *(p. 138)* en la década de 1950 es ideal para bailar y acudir a actuaciones. Los sábados por la noche celebra legendarias fiestas temáticas en torno al rock 'n' roll, el soul, y la música *new wave*.

5 Spin dler & Klatt
📍 L7 🚇 Köpenicker Str. 16
🕐 Restaurante: desde 19.00 diario; club: desde 23.00 vi y sá
🌐 spindlerhlatt.com

Este espacio funciona como *lounge* y restaurante panasiático. Es famoso por sus fiestas.

6 Sage Club
📍 L7 🚇 Köpenicker Str. 76
🕐 Desde 19.00 ju; Kit Kat Club: desde 23.00 sá y do 🌐 sage-club.de/en

Abierto en 1977, es uno de los clubs más veteranos y con más éxito de la ciudad. Con su estiloso interior y lo último en sonido es una apuesta segura si se quiere pasar una noche apasionante. Los fines de semana

Bares y discotecas 77

La fantástica azotea de House of Weekend

alberga el célebre Kit Kat Club, un espacio nudista (consultar la programación en la web). Este club es también famoso por contratar bandas excéntricas y distintos DJ que pinchan en tres pistas diferentes.

7 Berghain

Ubicado en una central eléctrica de la Alemania Oriental, es el club más popular de música electrónica de Berlín. Algunos de los mejores DJ del mundo pinchan durante los fantásticos espectáculos de luces, por lo que prepárese a esperar (o incluso a no lograr entrar). A veces los noctámbulos se han pasado fines de semana enteros en este local sin dormir. Está planeado convertirlo en una galería de arte temporal. El bar Panorama del piso superior ofrece fantásticas vistas del río Spree, mientras que el Berghain Garden celebra fiestas en verano (p. 150).

8 Tausend

Una estupenda alternativa a los clubes de tecno y *house*, este elegante bar oculto bajo las vías del S-Bahn y la cantina afiliada (p. 99) ofrece cócteles muy bien mezclados y música en directo, normalmente soul, jazz y pop de las décadas de 1970 y 1980.

Los camareros mezclando cócteles en Mein Haus am See

9 Mein Haus am See

Este club (p. 106), que fue una antigua librería, ofrece asientos comodísimos para relajarse. Abierto 24 horas, es estupendo para tomarse un café durante el día. El bar y la discoteca se suelen llenar los fines de semana. Hay una consumición mínima de 12,90 € por persona hasta las 21.00 y de 19,90 € después de las 21.00.

10 Watergate

⌂ Falchensteinstr. 49
⌚ Desde 24.00 mi, vi y sá
🌐 water-gate.de

Situado en el río Spree, con magníficas vistas del Overbaumbrücke iluminado, Watergate, es uno de los locales más modernos de la ciudad, con música *house*, tecno y *drum 'n' bass*.

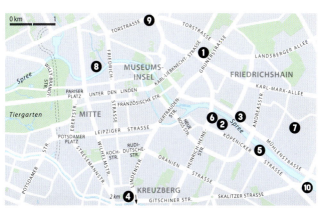

KNEIPEN (TABERNAS) Y BARES

1 Green Door
Este clásico berlinés *(p. 138)* nunca pasa de moda. El ambiente de intimidad lo hace ideal para hablar. Green Door atrae a multitud de jóvenes que disfrutan de los cócteles en un entorno retro y minimalista, con paredes verdes curvas. Hay que llamar al timbre para entrar, pero el control no es riguroso si el atuendo es sobrio.

2 E & M Leydicke
Esta taberna *(kneipen)* algo anticuada *(p. 138)* sigue siendo muy popular entre turistas y grupos de estudiantes. Celebra conciertos y fiestas de swing, blues, jazz y bandas de rock 'n' roll. Se recomienda probar los vinos endulzados con fresa y frambuesa.

3 Newton Bar
Ver y ser visto es la norma de este elegante bar *(p. 98)*. El personal es amable. Cuando llega el buen tiempo saca la terraza a la calle. Los sillones de piel proporcionan un agradable asiento entre paredes adornadas con fotografías de desnudos de Helmut Newton (a quien debe su nombre el local). No hay que dejar de probar los cócteles latinoamericanos y caribeños.

4 Beckett's Kopf
🚇 H1 🏠 Pappelallee 64
🕓 20.00-3.00 mi-sá
🌐 bechetts-hopf.de

Una de las mejores y más elegantes coctelerías de Berlín. Tiene un retrato del escritor y dramaturgo Samuel Beckett en la ventana. El interior oscuro está decorado con cortinas de terciopelo para mantener alejadas las miradas indiscretas. Las mezclas incluyen el Mother-in-law, con notas frutales, y el Prince of Wales, el favorito de Eduardo VII.

5 Weinbar Rutz
La mejor (pero cara) vinoteca y tienda de vinos de Berlín está en la planta baja del restaurante homónimo con estrella Michelin *(p. 107)*. Dispone de casi mil vinos para elegir. Su personal experto está a su disposición. También se puede comer una excelente selección de platos.

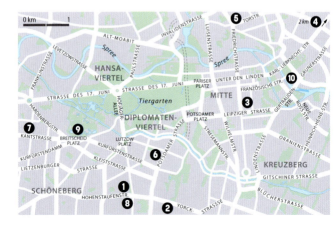

Kneipen (tabernas) y bares 79

Decoración retro del berlinés Victoria Bar

6 Victoria Bar
- L2 Potsdamer Str. 102
- 18.00-3.00 lu-ju, 18.00-4.00 vi y sá, 18.00-2.00 do
- victoriabar.de

Este acogedor bar, con un sútil ambiente años sesenta, luz tenue y música *lounge*, es ideal para tomar una copa tranquilamente. Se ha convertido en el favorito de una clientela pudiente con inquietudes artísticas. El reconocido *barman* Stefan Weber está a cargo de los cócteles.

7 Zwiebelfisch
- C4 Savignyplatz 7-8
- (030) 312 73 63
- 12.00-6.00 diario

Un clásico que refleja la escena algo envejecida de Charlottenburg, un lugar para nostálgicos del 68. En las paredes encontramos fotos de artistas, antiguos clientes de este local. En verano saca algunas mesas al exterior.

8 Café M
- E5 Goltzstr. 33
- (030) 216 70 92
- 10.00-tarde diario (desde 12.00 sá y do)

El Café M Kneipe, en Schöneberg, es bullicioso pero al tiempo resulta tranquilo. Ha cambiado poco desde su inauguración hace más de 40 años.

9 Monkey Bar
- D4 Budapester Str. 40
- (030) 120 22 12 10
- 12.00-2.00 diario

Popular bar en una azotea en el que tomarse una cerveza o una copa con vistas al zoo de Berlín. También suele haber conciertos y sesiones de DJ.

10 Zum Nußbaum
Una de las pocas tabernas (*kneipen*) tradicionales del histórico Nikolaiviertel que merece la pena visitar. Sirve cerveza de barril y una selección de deliciosos platos tradicionales berlineses (*p. 144*).

La clientela de la tradicional taberna Zum Nußbaum

COMIDA LOCAL

1 *Döner kebab*
Aunque de origen discutido, muchos opinan que los inmigrantes turcos trajeron el *döner kebab* a Berlín en los años 70 y así empezó la pasión por esta carne asada cortada fina, servida con ensalada y salsas en un pan. Es perfecto para comer o cenar, pero por algún motivo sabe aún mejor de madrugada.

2 *Eisbein*
Solo apto para estómagos fuertes. Consiste en un tierno codillo de cerdo (curado, cocido y después asado) con la piel crujiente y servido sobre puré de guisantes y *sauerkraut*. Es grasiento y pesado, así que un poco de *senf* (mostaza) o una cerveza ayudarán a digerirlo. Los restaurantes tradicionales como Zur letzten Instaz (p. 114) son la mejor opción.

3 *Currywurst*
Desde que Herta Heuwer empezara a servirla en su *imbiss* (puesto de comida) en 1949, la *currywurst* se convirtió en una especialidad de la ciudad. Consiste en rodajas de salchicha a la parrilla con salsa de tomate (o kétchup) con curri en polvo por encima. Cualquier *imbiss* la sirve, acompañada de *pommes* (patatas fritas) y no olvidar pedirla sin pelar, como los berlineses.

4 *Bratwurst*
Se trata de una salchicha a la parrilla (no confundir con la *currywurst*) con un panecillo y mostaza o kétchup. Las formas de cocinarla, variedades y calidad de la salchicha varían, pero el Thüringer Rostbratwürste, una larga salchicha de Turingia, es la más popular. Los puestos especializados en salchichas, mercados de productores o restaurantes alemanes tradicionales sirven las mejores.

5 *Faláfel*
La comida de oriente medio, del *baklava al shawarma*, es muy popular en Berlín, reflejo de su numerosa comunidad árabe. El *faláfel* es el tentempié favorito (y asequible) de los berlineses, ya sea en un panecillo (*falafel im brot*) o acompañado de hummus (*falafel un hummus teller*).

6 *Fischbrötchen*
Aunque un bocadillo de pescado pueda sonar más típico del Báltico, Berlín también los sirve. Las pescaderías y los puestos de mercado suelen tener varios tipos de pescado (en vinagre, a la parrilla o ahumado) servido con remolacha y cebolla en un panecillo crujiente. Si te atreves, prueba uno con *matjes*, un suave arenque ahumado.

Comida local   **81**

Baumkuche, que se traduce como "bizcocho del árbol" o "bizcocho de tronco"

7 *Kaffee und kuchen*

Reunirse con amigos y familia para tomar café con tarta es una tradición alemana que se suele celebrar los domingos. Ya sea en una cafetería tradicional o en un moderno café, siempre hay estupendos cafés con deliciosas tartas, como *baumkuchen* (bizcocho cilíndrico) o *käsekuchen* (tarta de queso alemana).

8 *Königsberger klopse*

Siempre presente en las mesas del este de Prusia, este plato tradicional alemán sigue de plena actualidad, incluso en el moderno Berlín. A los berlineses les chifla la cremosa salsa de alcaparras sobre las albóndigas cocidas y un mesón tradicional como Max und Moritz (p. 138) es el lugar ideal para probarlo.

9 Productos de temporada

El consumo de ingredientes de temporada es casi una obsesión en Berlín y los restaurantes hacen lo propio. Las cartas cambian según la temporada, ya sea centrándose en el *spargel* (espárrago blanco o verde) en primavera o los *pfifferlinge* (rebozuelos) en otoño.

10 Comida vegana

Berlín es desde hace tiempo la capital vegana de Europa, con cartas enteras libres de carne. Ya sea al tomar un dónut o en un restaurante con estrella Michelin, el veganismo es algo natural.

Currywurst con acompañamiento de patatas fritas y faláfel

TOP 10
BEBIDAS BERLINESAS

1. Berliner Weisse mit Schuss
Cerveza de trigo amargo mezclada con licor de frambuesa o sirope de flores, que le aporta un tono rojo vivo o verde.

2. Club-Mate
Aunque chocante al principio, este refresco con sabor a hierba mate aporta grandes dosis de energía.

3. Bier vom Fass
Las cervezas alemanas son de las mejores del mundo y la más apreciada es la de barril, servida en una cervecería al aire libre o *kneipe* (taberna).

4. Radler
Ideal para el verano, la Radler es cerveza con limonada y se suele servir en botellas de medio litro.

5. Späti-Bier
Los *spätis* (ultramarinos), pura esencia berlinesa, cuentan con una amplia selección de botellas de medio litro de cerveza por un par de euros.

6. Berliner Luft
Este licor de menta fuerte, un clásico, se toma solo o con hielo.

7. German Riesling
Los alrededores de Berlín no producen vino, pero las variedades del sur y el oeste alemán han llegado a la capital, incluido el famoso Riesling.

8. Spezi
Esta mezcla de refresco de naranja y cola es una vuelta a la infancia ideada en Alemania.

9. Glühwein
El vino caliente y especiado (tinto o blanco) es el rey del invierno, sobre todo de los mercadillos navideños.

10. Schorle
Mezcla de zumo de frutas y agua mineral con gas, tiene variedades con alcohol o sin él. El de manzana es un clásico.

Una refrescante jarra de Schorle

82 Lo mejor de Berlín

TIENDAS Y MERCADOS

1 Art and Fashion House Quartier 206
📍 L4 📌 Friedrichstr 71 📞 (030) 20 94 60 00 🕐 10.30-19.30 lu-sá

Este célebre centro comercial ofrece un impresionante interior *art déco*, con suelos de mosaico y una escalera de mármol. Marcas de lujo como Moschino, Etro y Bally ofrecen estilosa ropa y accesorios, mientras que los elegantes cafés del sótano y la primera planta son una buena muestra de la cultura de café de Berlín.

2 Kaufhaus des Westens (KaDeWe)
📍 D5 📌 Tauentzienstr 21-24 📞 (030) 212 10 🕐 10.00-20.00 lu-sá (hasta 21.00 vi)

Sea lo que sea lo que se busque, lo encontrará aquí. Repartidos por las ocho plantas del Kaufhaus des Westens ("grandes almacenes del oeste"), también conocido como KaDeWe, hay más de tres millones de artículos. Su tienda del *gourmet* ofrece una selección de 1.800 quesos, 1.400 clases diferentes de pan y artículos de repostería, y 2.000 de embutidos. Merece la pena acercarse, aunque solo sea para admirar los escaparates y los patios interiores.

3 Königliche Porzellan-Manufaktur (KPM)
📍 M4 📌 Wegelystr 1 📞 (030) 39 00 90 🕐 10.00-18.00 lu-sá

La gloria y el esplendor prusianos a su alcance. Además de tradicionales vajillas de porcelana KPM, se venden figuras y accesorios fabricados en Berlín.

El interior *art déco* de Quartier 206, que acoge numerosas *boutiques* de lujo

Tiendas y mercados 83

Antigüedades y loza en el Antik- und Flohmarkt Strasse des 17. Juni

4 Antik- und Flohmarkt Strasse des 17. Juni

📍 K1 📌 Str des 17. Juni
🕐 10.00-17.00 sá y do

En el mayor y más antiguo mercado de antigüedades de Berlín se pueden encontrar muebles, cuberterías, porcelanas, libros, pinturas, ropa y joyas. Los comerciantes son profesionales y los precios elevados, pero lo adquirido es, a cambio, verdaderamente especial. Además, resulta ideal para curiosear o, simplemente, ver pasar a la gente los fines de semana.

5 Mauerpark

Una visita al mayor mercadillo de la ciudad (p. 144) es un pasatiempo dominical, en gran parte por las sesiones de karaoke del anfiteatro del foso de los osos. Antes de que empiece la música, rebuscar entre los infinitos puestos de joyas, vinilos y ropa de segunda mano.

6 Stilwerk KantGaragen

En 2022, este centro comercial de objetos de diseño y del hogar se mudó a lo que fuera el aparcamiento en altura más antiguo de Europa. Alberga restaurantes y tiendas en la planta baja y arte en las rampas que llevan a los pisos superiores (p. 129).

7 Gipsformerei Staatliche Museen

📍 A3 📌 Sophie-Charlotten-Str 17-18
📞 (030) 326 76 90 🕐 9.00-16.00 lu-vi (hasta 18.00 mi)

Una estatua de Schinkel para decorar la casa o una elegante escultura prusiana de los jardines del palacio de Charlottenburg: aquí se pueden encontrar reproducciones de ambas en escayola.

8 Antik- und Buchmarkt am Bode-Museum

📍 J4 📌 Am Kupfergraben 1 📞 (030) 208 26 45 🕐 11.00-17.00 sá y do

Puestos de antigüedades y recuerdos a lo largo del Kupfergraben, frente al Bode-Museum. De vez en cuando, aparece una ganga.

9 Türkenmarkt am Maybachufer

El mercado turco (p. 137) más importante de Berlín abre martes y viernes en Landwehrkanal. Se pueden adquirir productos del mercado y hacer un pícnic en algún lugar a la sombra junto al canal.

10 Winterfeldtmarkt

Este mercadillo de ropa y alimentación (p. 137) en Schöneberg es el más interesante de la ciudad y un popular lugar de reunión los sábados por la mañana. Hay a la venta una amplia variedad de productos de gran calidad.

Macetas y flores en el mercado semanal Winterfeldtmarkt

BERLÍN GRATIS

1 Schlosspark Sanssouci

El Schlosspark Sanssouci *(p. 160)* es visita obligatoria para aquellos que disfrutan de paseos por paisajes románticos. A tan solo media hora de Berlín en tren de cercanías, en estos jardines de Potsdam se pueden ver estanques y caprichos, un invernadero, baños romanos y estructuras de estilo rococó y chino.

2 Reichstag

La mejor ganga de Berlín es justamente su monumento más notorio *(p. 24)*. No hay panorámica comparable a la que se disfruta desde la cúpula diseñada por Norman Foster. Los guías enseñan el Salón de Plenos y muestran las pintadas que dejaron los soldados rusos en 1945. Debe reservarse con antelación y en la entrada piden un documento identificativo.

3 Tempelhofer Feld

Construido en 1939, Tempelhof Flughafen fue en ese momento el mayor aeropuerto de Alemania. Se ha transformado en una enorme zona verde abierta al público *(p. 136)* como símbolo del nuevo Berlín. Hay espacio para todos: huertos urbanos, ciclistas, patinadores, pistas de karts y gente haciendo barbacoas, practicando taichí, volando cometas o jugando al béisbol.

4 Días de puertas abiertas

Sep · visitberlin.de

El segundo domingo de septiembre se pueden visitar bellísimos jardines privados, el interior de algunos monumentos históricos y alguna sede gubernamental. Todos los eventos que se organizan son gratuitos.

5 Conciertos gratuitos

Iglesias, universidades e incluso orquestas famosas ofrecen conciertos gratuitos. Las entradas a los conciertos en la Berliner Dom *(p. 58)* se reservan en *ticket@berlinerdom.de*. La Berliner Philarmoniker tiene conciertos gratuitos *(p. 46)* todos los miércoles a las 13.00 de septiembre a junio.

6 Recorridos gratuitos a pie

Diarios, todo el año

Puedes unirte a cualquiera de los recorridos que ofrecen Alternative Berlin Tours *(alternativeberlin.com)*, Brewer's Berlin Tours *(brewersberlintours.com)* y New Berlin Tours *(newberlintours.com)*. Aunque son gratis, se recomienda dar propina. Son una forma ideal de descubrir la ciudad y su historia. Cada página indica horarios y puntos de partida.

7 Museos

Muchos museos y galerías, como el Alliiertenmuseum *(p. 154)*, Haus der Wannsee-Konferenz *(p. 154)* y la Knoblauchhaus *(p. 110)* no cobran entrada. Los menores de 18 años tampoco pagan

Berlín gratis 85

El hermoso paisajismo de la entrada de Schlosspark Sanssouci

entrada en otros museos conocidos de la ciudad, como la Gemäldegalerie (p. 47), el Pergamonmuseum (p.35) y la Alte Nationalgalerie (p. 35).

8 Holocaust-Denkmal

El Monumento a los judíos de Europa asesinados, del arquitecto neoyorkino Peter Eisenman (p. 93) consta de 2.711 estelas de hormigón colocadas sobre un terreno ondulante. El puesto de información subterráneo pone en contexto los horrores del Holocausto.

9 East Side Gallery

El tramo más grande que se conserva del Muro (p. 148), reconvertido en símbolo para recordar la división de Alemania entre 1961 y 1989. Con murales como el del coche Trabant que se estrella contra el muro, *Heads with Big Lips* de Thierry Noir, y Brezhnev y Honecker besándose.

10 Gedenkstätte Berliner Mauer

G1 Bernauer Str. 111 Centro: 9.30-20.00 ma-do berliner-mauer-gedenkstaette.de

Merece la pena acercarse hasta el Monumento del Muro de Berlín para acceder a su excelente centro documental, a su recreación de la "franja mortal" y consultar las historias sobre los intentos de fuga de los alemanes del este. Hay varias pantallas informativas a lo largo del recorrido.

Visitantes contemplan el Gedenkstätte Berliner Mauer

TOP 10
AHORRAR EN BERLÍN

1. Los museos públicos de la ciudad, incluida la amplísima Museumsinsel, están cubiertos por la tarjeta Berlin Museum Pass (29 €). Con ella se puede acceder a cualquiera de los recintos durante tres días consecutivos.

2. Muchos barrios de Berlín son perfectos para dar un paseo tranquilo y sorprende lo rápido y fácil que es desplazarse a pie entre los principales lugares de interés.

3. Los teatros y palacios de la ópera venden entradas más baratas el mismo día de la representación.

4. Para ver colecciones de arte, lo mejor es dirigirse al distrito de Mitte. Auguststrasse y Linienstrasse están repletas de fascinantes galerías abiertas al público.

5. Comprar una bebida en un *späti* (tienda de conveniencia nocturna) y sentarse, como los berlineses, en un parque o junto al canal para descansar cada vez que brille el sol.

6. Una buena opción es comprar un abono de transporte público (para varios usuarios o para el día entero) o alquilar una bicicleta para moverse más fácilmente por la ciudad.

7. Las líneas de autobús 100 y 200 hacen el recorrido por los lugares turísticos de Berlín con un solo billete.

8. También se puede aprovechar el asequible menú del día de los bares y restaurantes, sobre todo a la hora de comer.

9. Para los que les gusten los mercadillos, en Mauerpark (p. 144) se puede hallar de todo. Abre los domingos todo el día.

10. Si se ha viajado desde fuera de la UE y se va a salir de la UE con lo que se haya comprado, se puede solicitar la devolución del IVA, que en Alemania es del 19 %. Se debe pedir el Ausfuhrbescheinigung (documento de exportación) al dependiente.

FESTIVALES Y EVENTOS

1 Fashion Week
Ene y jul
w fashion-week-berlin.com
Grandes diseñadores y el talento local presentan sus nuevas colecciones en distintos lugares de la ciudad.

2 Grüne Woche
2ª quincena de ene
w gruenewoche.de
La mayor fiesta *gourmet* del mundo, Grüne Woche es una feria agrícola y gastronómica para todo tipo de público. Un viaje culinario en el recinto ferial de Messe Berlin.

3 Internationale Tourismus Börse (ITB)
Mar w itb.com
CityCube Berlin alberga la mayor feria de turismo del mundo, con información turística actualizada para el público general en stands, a veces, muy elaborados. Muchos países participantes programan espectáculos nocturnos muy concurridos.

4 Berliner Filmfestspiele
2ª y 3ª semana de feb
w berlinale.de
La Berlinale (febrero), es el gran festival de cine de Alemania. A él acuden estrellas de Hollywood y del cine nacional. Hasta 1999, se celebraba en torno al cine Zoo-Palast; en la actualidad, es la zona de Potsdamer Platz la que alberga los eventos.

5 Karneval der Kulturen
Pentecostés (las fechas varían, entre may y prin jun)
Durante tres días, las calles de Kreuzberg se llenan de música, baile y desfiles de carnaval para celebrar la herencia multicultural berlinesa.

6 Día del Orgullo Gay
Jun y jul w csd-berlin.de
Durante el Día del Orgullo se celebra un colorido desfile en torno a Kurfürstendamm. Se trata de una de las celebraciones LGTBIQ+ con más público de Europa. Cerca de medio millón de personas de todo el mundo beben y bailan con gran alboroto por las calles del centro de Berlín.

7 Lange Nacht der Museen
Último fin de semana ago
w lange-nacht-der-museen.de
Una noche al año, una sola entrada permite acceder a todos los museos de la ciudad hasta más allá de

Festivales y eventos

Visitantes de los pabellones en la Internationale Fundausstellung

medianoche. Muchas instituciones programan eventos especiales, mientras artistas y vendedores callejeros entretienen a los visitantes en las colas.

8 Internationale Funkausstellung (IFA)
Prin sep b2b.ifa-berlin.com

Más de 1500 expositores de todo el mundo traen las últimas novedades en juguetes y entretenimiento tecnológico a la IFA. Se celebra anualmente en el recinto ferial Messe Berlin.

9 Pop-Kultur
Fin ago/prin sep
 pop-kultur.berlin

Heredero de la Berlin Music Week, este festival de grupos, músicos, artistas, productores, sellos y público se celebra en varias localizaciones en Kulturbrauerei, en el barrio de Prenzlauer Berg. Es un canal estupendo para descubrir músicos locales.

10 Festival de las Luces
Oct festival-of-lights.de

Durante 10 días, decenas de edificios históricos y modernos se iluminan con diseños lumínicos de numerosos artistas famosos de todo el mundo.

Una emocionante alfombra roja en el Berliner Filmfestspiele

TOP 10
DEPORTES DESTACADOS

1. Tempelhofer Feld
El mayor terreno deportivo de la ciudad (p. 136) es visita obligatoria.

2. Berliner Neujahrslauf
1 ene
Carrera de año nuevo en el frío y bajo la Puerta de Brandeburgo.

3. Sechstagerennen
2ª quincena de ene sixday.com
La tradicional Carrera de los Seis Días es uno de los grandes acontecimientos deportivos berlineses.

4. Velocity Cycling Races
Fin jun/prin jul velocity.berlin
Carrera ciclista imprescindible y adrenalínica que cruza siete barrios berlineses.

5. DFB-Pokalfinale
Mayo
La final de la 2ª Copa de fútbol más importante de Alemania se juega en el Olympiastadion.

6. Patinar por la noche
Jun-ago: do noche
Reunión nocturna de patinadores en la Mercedes Benz Platz.

7. Triatlón de Berlín
Prin jun
 berlin-triathlon.de
Registro en línea para los aficionados.

8. Internationales Stadionfest (ISTAF) e ISTAF Indoor
Feb y prin sep
La competición de atletismo más importante de Alemania atrae a multitudes. Se celebra en la Mercedes Benz Platz y el Olympiastadion.

9. Maratón de Berlín
3º/4º do sep
 bmw-berlin-marathon.com
El maratón de Berlín, que discurre por la Strasse des 17. Juni atrae a miles de corredores internacionales.

10. Deutsches Traberderby
1ª semana ago
Derby para jinetes profesionales celebrado en Trabrennbahn Mariendorf, con su tribuna estilo *art nouveau*.

RECORRIDOS

Centro de Berlín: Unter den Linden	90
Centro de Berlín: Scheunenviertel	100
Centro de Berlín: en torno a Alexanderplatz	108
Tiergarten y el Distrito Federal	116
Charlottenburg y Spandau	122
Kreuzberg, Schöneberg y Neukölln	132
Prenzlauer Berg	140
Sureste de Berlín	146
Grunewald y Dahlem	152
Potsdam y Sanssouci	158

La Berliner Dom y el río Spree

CENTRO DE BERLÍN: UNTER DEN LINDEN

El bulevar de Unter den Linden es el corazón histórico de Mitte. Muchos lugares de interés histórico se encuentran en esta emblemática avenida y alrededor de Bebelplatz, configurando un fresco de la historia de Prusia y de Alemania desde el siglo XVIII hasta hoy. Al sur está Gendarmenmarkt, una de las plazas más bonitas de Europa y toda la zona está repleta de elegantes restaurantes y cafés. No muy lejos, en Friedrichstrasse, se suceden modernas oficinas y apartamentos, y *boutiques* de lujo.

Para saber dónde alojarse en esta zona, ver p. 174

Centro de Berlín: Unter den Linden 91

1 Puerta de Brandeburgo

El símbolo más famoso de Berlín *(p. 22)*, en la Pariser Platz, señala el comienzo de la elegante Unter den Linden.

2 Humboldt Forum

- K5 Schloßplatz
- 10.00-20.00 lu, mi-do (hasta 22.00 vi y sá)
- humboldtforum.com

Diseñado por Franco Stella e inaugurado en 2021, este museo y centro cultural posee una terraza con vistas espectaculares. Las exposiciones incluyen objetos del África subsahariana, Asia, Oceanía y América.

La grandiosa Puerta de Brandeburgo en la Pariser Platz

3 Forum Fridericianum

- K4 Unter den Linden y Bebelplatz

Los restos de la estructura original de este complejo arquitectónico son uno de los grandes lugares de interés de Berlín. En 1740 Federico el Grande encargó al arquitecto Von Knobelsdorff diseñar y construir los edificios neoclásicos que rodean Bebelplatz, influyendo él mismo en los diseños de la Deutsche Staatsoper, St-Hedwigs-Kathedrale, la Alte Bibliothek, el Prinz-Heinrich-Palais y, más tarde, la Universidad Humboldt. La Ópera fue la primera en construirse. El monumento en Bebelplatz recuerda la quema de libros por parte de los nazis en 1933. A los sucesores de Federico el Grande se deben el Altes Palais y la estatua ecuestre del "viejo" Fritz con su sombrero de tres picos, realizada en 1840 por Christian Daniel Rauch.

- 1 Imprescindible p. 91
- 1 Dónde comer p. 99
- 1 Y además... p. 96
- 1 Pubs y bares p. 98
- 1 Compras p. 97

FEDERICO, EL ARQUITECTO

El Forum Fridericianum no era solo un monumento de Federico el Grande a sí mismo, también tenía por objeto transformar Unter den Linden en el bulevar más importante de Europa. El rey –un amante del estilo neoclásico– dibujó los planos de los edificios y el arquitecto Knobelsdorff los ejecutó.

4 Museumsinsel

La Isla de los Museos (p. 34), declarada Patrimonio de la Humanidad por la Unesco, es uno de los conjuntos museísticos más importantes del mundo, donde se exhiben colecciones de arte magníficas y estructuras arquitectónicas de la antigüedad en cinco grandes museos. En ella se alzan el Pergamonmuseum (cerrado por obras hasta el 2027), la Alte Nationalgalerie, el Bode-Museum, el Altes Museum y el Neues Museum, incluido el famoso Ägyptisches Museum. La famosa Berliner Dom también se haya en las inmediaciones.

5 Gendarmenmarkt

L4 Mitte Konzerthaus: Gendarmenmarkt 2 Abr-oct: 11.00-18.00 en.konzerthaus.de

Inspirada en las *piazzas* renacentistas italianas, Gendarmenmarkt es una de las más bellas de Berlín. Debe su nombre a un regimiento de *gens d'armes* (hombres de armas) establecido en las cercanías y fue construida a finales del siglo XVII para albergar un mercado. El Schauspielhaus (teatro), al oeste de la plaza, volvió a abrir sus puertas como Konzerthaus (auditorio) en 1984 (p. 61). Frente a ella hay una estatua del dramaturgo Friedrich Schiller, y a izquierda y derecha se levantan las torres gemelas de la Deutscher Dom y la Französischer Dom (catedrales alemana y francesa), de finales del siglo XVIII. Al norte, la Französischer Dom es un hermoso edificio de finales del barroco (p. 59); escondida tras ella, se haya la Französische Friedrichstadkirche, destinada a la comunidad francesa en Berlín. Enfrente, la Deutscher Dom es una iglesia protestante de 1708 construida en el lado sur de la plaza. Acoge una exposición sobre la historia de la democracia en Alemania.

LOS HUGONOTES EN BERLÍN

En 1685 el Gran Elector publicó el famoso Edicto de Potsdam por el que ofrecía asilo a 20.000 hugonotes, perseguidos en Francia por su fe protestante. Hábiles artesanos y reconocidos eruditos, su llegada enriqueció la vida social y cultural de Berlín. Todavía hoy, la Friedrichstadkirche, integrada en el complejo de la Französischer Dom, es el templo para la comunidad francesa de Berlín.

6 Friedrichstrasse

J4-L4 Mitte

Friedrichstrasse ha recuperado parte de la vitalidad y el *glamour* que la caracterizaban antes de la Segunda Guerra Mundial. La llamada Quinta Avenida de Berlín cuenta con lujosos comercios y exclusivos restaurantes y cafés. De especial interés son los Quartiers 205, 206 y 207 (este último diseñado por el arquitecto Jean Nouvel), en el Friedrichstadtpassagen y Art and Fashion House Quartier 206 (p. 82).

Centro de Berlín: Unter den Linden 93

El Bode-Museum, en la Museumsinsel, con vistas al río Spree

En el extremo norte de la calle están los famosos almacenes Dussmann (libros, música y actividades), la estación Friedrichstrasse, además del antiguo distrito del ocio con el llamativo Friedrichstadt-Palast *(p. 73)* y el magnífico Admiralspalast *(p. 96)*.

7 Holocaust-Denkmal
- L3 Ebertstr
- Centro de información: 10.00-18.00 ma-do stiftung-denkmal.de

El Monumento a los judíos de Europa asesinados constituye el monumento nacional alemán al Holocausto *(p. 85)*. Tras años de debate, el famoso arquitecto estadounidense Peter Eisenman lo acabó en 2005. Consta de un extenso campo ondulado con monolitos de hasta dos metros de altura y color gris oscuro, que representan a los seis millones de personas asesinadas en los campos de concentración nazis entre 1933 y 1945. Bajo el monumento hay un centro de documentación que recoge las causas y la historia del genocidio.

PASEO: CENTRO HISTÓRICO

Mañana
Comienza viajando al pasado en **Wilhelmstrasse** *(p. 94)*, centro de la política berlinesa hasta 1945. Desde el **Hotel Adlon Kempinski**, ve hacia el sur pasando por la embajada británica. Gira a la derecha en Behrensstrasse para visitar el **Holocaust-Denkmal** y después observa los ministerios de Wilhelmstrasse. El Consejo de Estado prusiano estaba en el número 54 y su último presidente, Konrad Adenauer, fue el primer canciller federal de Alemania. En el cruce con **Vossstrasse** estaban las oficinas centrales de Hitler en la Neue Reichskanzlei. En el número 97, se puede ver la inmensa estructura del antiguo Ministerio de Aviación, hoy **Ministerio Federal de Finanzas.** Vuelve sobre tus pasos hacia el norte, gira a la derecha en **Anton-Wilhelm-Amo Strasse** y luego a la izquierda para llegar a Friedrichstrasse.

Tarde
Después de comer, entra en la *concept store* **The Square** *(p. 97)*, situada un poco más abajo. Después, dirígete a la plaza del **Gendarmenmarkt**, el Konzerthaus y las imponentes Deutscher Dome y Französischer Dome. En esta última catedral se celebran conciertos de música clásica con regularidad; consulta la página web para más información. Para terminar, una suculenta cena en el histórico **Borchardt** *(p. 99)*, en Französische Strasse.

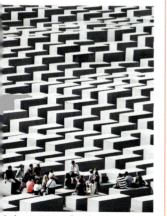

La impactante explanada cubierta de estelas en el Holocaust-Denkmal

> **ARQUITECTURA NAZI**
>
> Uno de los pocos ejemplos de la arquitectura monumental nazi que quedan es el Reichsluftfahrtministerium (Ministerio de Aviación), un encargo de Hermann Göring y construido entre 1935 y 1936. Este bloque de piedra era el mayor edificio de oficinas del mundo y estaba reforzado por vigas de acero contra los ataques. Tras la reunificación fue la base del Treuhandanstalt (agencia de privatización); hoy alberga al Ministerio Federal de Finanzas.

8 Wilhemstrasse
📍 L3 📌 Entre Unter den Linden y Leipziger Str.

El Berlín imperial, centro del poder político del Imperio alemán, estaba localizado en Wilhelmstrasse. Unos cien años más tarde, nada queda de aquellos fastuosos edificios. Todas las decisiones políticas se tomaban en Wilhelmstrasse, el equivalente berlinés del Downing Street de Londres o el Quai d'Orsay de París. Tanto el Canciller (n.º 77) como el Presidente (n.º 73) del Reich residían en esta calle. Sus jardines se conocían con el nombre de "jardines ministeriales". Adolf Hitler convirtió la calle en el centro del poder nazi. La Neue Reichskanzlei (oficina del canciller) fue construida entre 1937 y 1939 siguiendo los planos de Albert Speer, en la esquina de Vosstrasse y Wilhelmstrasse. Fue volada en 1945. Tras ella se encontraba el llamado Führerbunker, donde Hitler se suicidó el 30 de abril de 1945 y que ahora es un aparcamiento. De los edificios históricos, solo el antiguo Ministerio de Aviación (Reichsluftfahrtministerium) sigue en pie. Hoy, en Wilhelmstrasse se suceden los bloques de oficinas modernos. Mientras, la embajada británica, terminada en 2000 y obra de Michael Wilford, pone la nota internacional.

9 Museum für Kommunikation
📍 L4 📌 Leipziger Str. 16 🕐 9.00-17.00 ma-vi (hasta 20.00 ma), 10.00-18.00 sá y do 🌐 mfk-berlin.de

Este museo de 1872, dedicado a la historia de correos, es el mayor del mundo de su clase. Sus colecciones documentan la historia de las comunicaciones desde la Edad Media hasta las últimas tecnologías vía satélite. De especial interés resultan unos sellos azul y rojo de Mauricio,

La fachada posmoderna de la embajada británica en Wilhelmstrasse

Centro de Berlín: Unter den Linden

Un antiguo buzón europeo en el Museum für Kommunikation

UN DÍA CULTURAL

Mañana
Inicia el recorrido por Unter den Linden desde la **Puerta de Brandeburgo** en la **Pariser Platz** (p. 22). En su día, fue la avenida de la realeza y, aún hoy, ricos y famosos pasean por ella. Desayuna en **Einstein Unter den Linden** (p. 98). A continuación, sigue el bulevar en dirección este para admirar la **Embajada de Rusia**, construida en 1952. Desde ahí ya se puede divisar la estatua ecuestre de 13,5 m de altura de Federico el Grande en el **Forum Fridericianum** (p. 91). Esta zona y Bebelplatz forman, junto con Staatsoper, Altes Palais, St-Hedwigs-Kathedrale y Humboldt-Universität, el casco histórico de Berlín. Opta por una comida temprana en **Palais Populaire** (Unter den Linden 5) o en **Café Felix** en la **Staatsbibliothek** (Unter den Linden 8).

Tarde
Retoma el recorrido por el este de Unter den Linden. Al final está la **Museumsinsel** (p. 34). Cruza el Schlossbrücke para explorar los tesoros que esconden los museos de la isla. Después, si te queda tiempo, puedes visitar la **Berliner Dom** (p. 58). Frente a la catedral, se encuentran la Schlossplatz y el **Humboldt Forum** (p. 91). Termina con una cena en **Bocca di Bacco** (p. 99), en Unter den Linden, o en **Grill Royal** (p. 99), en Mitte.

una de las primeras instalaciones de teléfono, que data de 1863, y tres robots parlantes que interactúan con los visitantes. En la Computergalerie, los visitantes más jóvenes siempre se divierten y aprenden mientras juegan.

10 Schlossplatz
K5 Mitte

En esta plaza se alzó en otro tiempo la residencia urbana (Stadtschloss) de los Hohenzollern. Fue derruida por el Gobierno de Alemania Oriental entre 1950 y 1951 y tan solo quedan de ella algunos fragmentos. Entre los restos que se conservan del palacio original figura la fachada, frente a la que se supone que Karl Liebknecht proclamó la república socialista en 1918. La puerta ha sido incorporada al lado sur de la plaza, en la antigua Staatsratsgebäude (edificio del Consejo de Estado). Al este se alzaba la plaza, limitada por el Palast der Republik (palacio de la República), antigua sede del Parlamento de Alemania Oriental, demolido en 2008. Aquí se levanta en la actualidad el centro cultural Humboldt Forum (p. 91), ubicado en el reconstruido Berlin Palace. Posee una fachada evocadora de la del viejo palacio Hohenzollern (p. 162), una biblioteca y las colecciones no europeas de los museos de Dahlem de arte asiático y etnología.

Y además...

1. DDR Museum
- K5 · Karl-Liebknecht-Str.
- 9.00-21.00 diario
- ddr-museum.de

Este museo de la vida diaria de Alemania Oriental recrea los interiores de la etapa socialista y muestra ejemplos de diseños del Este, incluido un coche Trabant en el que los visitantes pueden sentarse.

2. Lustgarten
- K5 · Unter den Linden 1

Antigua zona de desfiles de la República Democrática Alemana, Lustgarten (jardín del placer) es en la actualidad un parque en el que descansar tras la visita a la Museuminsel y donde tomar el sol.

Una exposición de transportes en el DDR Musuem

3. WMF-Haus
- L4 · Leipziger Str., esquina con Mauerstr.

La antigua fábrica de porcelana y cuberterías de la marca WMF posee una extraordinaria fachada decorada con hermosos mosaicos.

4. Alte Kommandantur
- K5 · Unter den Linden 1

Reconstruido con su fachada clasicista original, este edificio alberga las oficinas en Berlín del gigante de la comunicación Bertelsmann.

5. Maxim-Gorki-Theater
- K4 · Am Festungsgraben 2
- gorki.de

Este célebre teatro fue en su día la Singakademie, la escuela de canto de Berlín. Aquí llegaron a actuar, entre otros grandes intérpretes, Paganini y Liszt.

6. S-Bahnhof Friedrichstrasse
- K4 · Friedrichstr.

Remodelada varias veces, esta estación es de las más famosas de Berlín. Entre 1961 y 1989 fue el principal enlace entre el Este y el Oeste.

7. Komische Oper
- K4 · Behrenstr. 55-57
- english.komische-oper-berlin.de

Uno de los teatros de ópera más espléndidos de Alemania, construido en 1892. Cerrado por obras.

8. Palais am Festungsgraben
- K4 · Am Festungsgraben 1
- (030) 208 40 00

Este palacio barroco de 1753 ha conservado su elegante interior y sus magníficos frescos en los techos.

9. Admiralspalast
- J4 · Friedrichstr. 101
- El horario varía, consultar web
- admiralspalast.theater

En el escenario más legendario de Berlín se representan musicales y espectáculos cómicos.

10. Cold War Museum
- K4 · Unter den Linden 14
- 10.00-20.00 lu-do
- coldwarmuseu.de

Este museo utiliza paneles interactivos para relatar la historia de la Guerra Fría, el conflicto de más de 40 años entre capitalismo y comunismo.

Compras

1. KPM Store
K4 Friedrichstr. 158
10.00-18.00 lu-sá
kpm-porzellan-shop.de/
Esta elegante tienda contiene la delicada porcelana de la famosa manufactura real de porcelana (KPM). Jarrones, candelabros, tazas y platos.

2. The Square
K4
Französiche Str.
thesquareberlin.de
Esta moderna *concept store* vende moda de marcas emergentes y de lujo, como Christian Louboutin y Stella McCartney.

3. Jack Wolfskin
K4 Behrenstr. 23
jach-wolfskin.com
Es importante abastecerse y equiparse en esta famosa cadena alemana antes de practicar cualquier actividad al aire libre.

4. Bucherer
K4 Friedrichstr. 171
bucherer.com
Una tienda de lujo que vende relojes y joyas de excelente calidad.

5. Karl Lagerfeld
K4
Friedrichstr. 172
karl.com
Elegantes y exquisitos accesorios, zapatos, bolsos y gafas de sol en la tienda de esta marca de lujo.

6. Nivea Haus
K4 Unter den Linden 28
10.00-19.00 lu-sá
nivea.de
La tienda insignia berlinesa de la marca alemana Nivea ofrece un servicio de *spa* además de vender sus productos. Tratamientos faciales, masajes, manicuras o sencillamente algún producto para llevar a casa.

7. Kulturkaufhaus Dussmann
K4 Friedrichstr. 90
hulturhaufhaus.de
Esta gran tienda tiene lo último en libros, películas y partituras y una buena sección de música clásica, además de una excelente sección de libros en inglés. Abre hasta medianoche entre semana.

8. Ritter Sport Bunte Schokowelt
K4 Französische Str. 24
ritter-sport.com/de/berlin
La tienda insignia de esta fábrica de chocolate ofrece productos divertidos y también talleres y una exposición.

9. Fassbender & Rausch
L4 Charlottenstr. 60 rausch.de/en/chocolate-house
Escaparates decorados con reproducciones en chocolate del Reichstag o de la Puerta de Brandeburgo y, en la planta superior, una cafetería donde degustar algunas de sus creaciones.

10. Mall of Berlin
L3 Leipziger Platz 12
mallofberlin.de
Este centro comercial de Berlín comunica las calles Leipziger Strasse y Wilhelmstrasse. Cuenta con 270 tiendas y restaurantes.

El concurrido Mall of Berlin, con tiendas y restaurantes de todo tipo

Pubs y bares

1. Newton Bar
📍 L4 🏠 Charlottenstr. 57
📞 (030) 20 29 54 21 🕐 11.00-2.00 diario (hasta 3.00 ju-sá)
Uno de los bares de moda de Berlín. Mullidos sillones de cuero, cócteles y grandes fotografías de desnudos de Helmut Newton.

2. Rooftop Hotel de Rome
📍 K4 🏠 Behrenstr. 37
📞 (030) 460 60 90
🕐 12.00-23.00 diario
El elegante bar en la azotea del Hotel de Rome tiene unas vistas espectaculares de la Bebelplatz y estupenda comida italiana.

3. Zosch
📍 J4 🏠 Tucholskystr. 30
🕐 16.00-3.00 lu-sá
🌐 zosch-berlin.de
Zosch, uno de los *pubs* más antiguos de Mitte, posee un encanto natural. Conciertos en el sótano abovedado.

4. Einstein Unter den Linden
📍 K4 🏠 Unter den Linden 42
🕐 8.00-22.00 lu-vi, 10.00-22.00 sá, 10.00-18.00 do
🌐 einstein-udl.com
Este restaurante de inspiración vienesa acoge a políticos, artistas y periodistas. Estupenda carta de vinos y cervezas.

5. Freundschaft
📍 K4 🏠 Mittelstrasse 1
🕐 18.00-2.00 ma-sá
🌐 istdeinbesterfreund.com
Esta acogedora vinoteca dispone de gran variedad de bebidas, aunque está especializada en vinos naturales, sobre todo de Austria y Francia. Se puede tomar una copa con un tentempié en la barra con forma ovalada.

6. Café LebensArt
📍 K4 🏠 Unter den Linden 69A
🕐 9.00-23.00 diario (hasta 24.00 vi y sá) 🌐 cafe-lebensart.de
Más parecido a un café que a un bar, sirve deliciosos desayunos y tartas de merienda.

7. Ständige Vertretung
📍 K3 🏠 Schiffbauerdamm 8
🕐 10.00-1.00 diario 🌐 staev.de
El nombre hace referencia a los tiempos en que Berlín estaba dividido en dos mitades. Es famoso por sus especialidades de Renania, como la cerveza Kölsch.

8. Bellboy Bar
📍 L4 🏠 Mohrenstr. 30 🕐 18.00-3.00 ma-do 🌐 bellboybar.com
Situado en la planta baja del Hilton Berlin, este lujoso bar sirve gran variedad de comida y bebida.

9. Brauhaus Lemke
📍 K7 🏠 Dirchsnstr. S-Bahn arch No 143 🕐 12.00-24.00 diario
🌐 hm.lemke.berlin
La primera cervecería artesana de Berlín, buen ambiente y gran variedad de cervezas.

10. Windhorst
📍 K3 🏠 Dorotheenstr. 65 🕐 18.00-1.00 lu, 18.00-2.00 ma-vi, 20.00-2.00 sá
🌐 windhorst-bar.de
Sofisticado bar de jazz con los camareros agitando el cóctel elegido.

Einstein Unter den Linden, un restaurante de estilo vienés

Dónde comer

Disfrutando de las vistas desde el muelle en Grill Royal

PRECIOS
Una comida de tres platos, con media botella de vino (o equivalente), servicios e impuestos incluidos.

€ menos de 30 € · €€ 30-60 € · €€€ más de 60 €

1. Grill Royal
K4 · Friedrichstr. 105b
17.00-24.00 diario
grillroyal.com · €€

Los amantes de la carne pueden elegir de entre una gran variedad de cortes de todo el mundo.

2. Crackers
K4 · Friedrichstr. 158
19.00-24.00 diario
crackersberlin.com · €€€

El chef Stephan Hentschel sirve platos excepcionales en el elegante Crackers, un lugar perfecto, además, para tomar una copa después de cenar.

3. Bocca di Bacco
K4 · Friedrichstr. 167-168
12.00-15.00 y 18.30-22.00 lu-sá
boccadibacco.de · €€€

Cocina italiana sofisticada con una amplia variedad de pescado fresco y carnes. También destaca su enoteca y su carta de vinos.

4. Liu Nudelhaus
L4 · Kronenstr. 72
11.30-15.00 diario y 17.00-19.30 mi-vi · chengduweidao.de · €€

Los fideos de Sichuan que ofrece este restaurante son considerados los mejores de la ciudad. Hay que esperar.

5. Tausend Cantina
K3 · Schiffbauerdamm 11
19.30-tarde ma-sá
tausendberlin.com · €€

Cocina asiática e iberoamericana del aclamado chef Duc Ngo.

6. Restaurant & Café 1687
K4 · Mittelstr. 30 · 8.00-18.00 lu-vi · 1687.berlin · €€€

Elegante restaurante de cocina europea moderna e influencia francomediterránea. Cuenta con una amplia carta de vinos.

7. Borchardt
K4 · Französische Str. 47
11.30-24.00 diario
borchardt-restaurant.de · €€€

Su precioso comedor es el escenario ideal para su moderna cocina francesa y su *schnitzel*. Necesario reservar.

8. Cookies Cream
K4 · Behrenstr. 55 · 17.00-23.00 ma-sá · cookiescream.com · €€

Único restaurante vegetariano en Alemania con una estrella Michelin.

9. Rotes Kamel
L3 · Hannah-Arendt-Str. 4 · 15.00-23.00 diario · roteskamel.de · €€

Platos sustanciosos y degustación a base de productos frescos, con inspiración de Oriente Próximo.

10. Hugo & Notte
L4 · Gendarmenmarkt 5
12.00-22.00 ma-do · hugo-und-notte.de · €€

Comida francesa dentro del edificio de la catedral francesa.

CENTRO DE BERLÍN: SCHEUNENVIERTEL

Desde mediados del siglo XIX, Scheunenviertel (barrio de los graneros) se convirtió en refugio de miles de emigrantes judíos que huían de Rusia y Europa del Este. Tras la Segunda Guerra Mundial, la zona fue completamente desatendida y cayó en una inevitable decadencia. Durante las últimas décadas, ha rejuvenecido y muchos patios históricos de mercaderes y estrechas bocacalles han sido restaurados, y el barrio ha recuperado su particular espíritu. Gracias a sus muchos restaurantes, galerías y tiendas, la zona es ahora un agradable barrio donde vivir y que visitar. El triste pasado de sus habitantes, sin embargo, permanece en el recuerdo.

Para saber dónde alojarse en esta zona, ver p. 174

1 Oranienburger Strasse
Ⓢ J4 Ⓤ Mitte, entre Friedrichstr. y Rosenthaler Str.

Situada en el centro del viejo barrio de Scheunenviertel, simboliza como ninguna otra calle el auge y la decadencia de la cultura judía en Berlín. Los restos de su pasado son visibles en la Neue Synagoge *(p. 101)* y en varios cafés y restaurantes. Algunos edificios de los siglos XVIII y XIX dan testimonio del pasado esplendor de la calle: el Postfuhramt *(p. 103)*, por ejemplo, o la casa de los números 71-72, construida en 1789 por Christian Friedrich Becherer para la Gran Logia de Francmasones alemanes. También recomendable por su vida nocturna, es una calle repleta de bares y restaurantes *(p. 106)*.

La cúpula con relieves dorados de la Neue Synagoge

- ❶ Imprescindible *p. 101*
- ① Dónde comer *p. 107*
- ① Y además… *p. 104*
- ① *Pubs*, bares y discotecas *p. 106*
- ① Patios antiguos *p. 105*

2 Neue Synagoge
Ⓢ J4 Ⓤ Oranienburger Str. 28–30 Ⓒ 10.00-20.00 do-vi (hasta 18.00 ma-ju, hasta 17.00 vi) Ⓦ cjudaicum.de

En su día la mayor de Europa, la Nueva Sinagoga *(p. 59)* se inauguró en 1866. Sobrevivió a la Noche de los Cristales Rotos en 1938, cuando por toda Alemania se destruyeron hogares judíos, gracias al valor de un vigilante, pero los bombardeos de la Segunda Guerra Mundial la dañaron. Tras la espléndida fachada morisca están la sala de rezos y el Centrum Judaicum.

3 Hackesche Höfe
Ⓢ J5 Ⓤ Rosenthaler Str. 40-41

Conjunto de edificios comerciales restaurados que van desde Oranienburger hasta Rosenthaler Strasse. Ocho patios comunicados entre sí, diseñados a principios del siglo XX por August Endell y Kurt Berndt. El primer patio incorpora elementos característicos del estilo Jugendstil: el edificio está cubierto de mosaicos geométricos brillantes. El conjunto ha sido restaurado con esmero y es ahora un concurrido centro de ocio nocturno.

Distintas especies expuestas en el Museum für Naturkunde

4 Museum für Naturkunde
F2 · Invalidenstr. 43
9.30-18.00 ma-vi (desde 10.00 sá y do) · naturkunde museum-berlin.de

Uno de los mayores del mundo, este museo (p. 55) alberga en su patio cubierto el esqueleto del dinosaurio más grande jamás hayado: un *Giraffatitan* encontrado en Tanzania. Expone además otros esqueletos de dinosaurio de menor tamaño. Asimismo se exponen las reproducciones de insectos del taxidermista Alfred Keller, fósiles, meteoritos y minerales.

5 Sophienstrasse
J5 · Grosser Hamburger Str. 29

La angosta calle ha sido rehabilitada y ofrece el mismo aspecto que a finales del siglo XVIII. Los edificios y patios albergan ahora talleres y tiendas de artesanía. Muy cerca está la Sophienkirche (p. 104), primera iglesia protestante de Berlín, fundada por la reina Sofía Luisa en 1712. Al lado hay un pequeño cementerio con algunas tumbas del siglo XVIII.

6 Brecht-Weigel-Gedenkstätte
F2 · Chausseestr. 125 · El horario varía, consultar página web · adh.de

Bertolt Brecht, uno de los mayores dramaturgos del siglo XX, vivió aquí con su esposa, Helene Wiegel, entre 1953 y 1956. En la casa-museo se exponen algunos muebles originales, documentos y fotografías.

7 Dorotheenstädtischer Friedhof
F2 · Chausseestr. 126
Verano: 8.00-20.00 diario (invierno: hasta puesta de sol)

Este evocador cementerio fue creado en 1762. A la izquierda de la entrada están las tumbas de Heinrich Mann (1871-1950) y Bertolt Brecht (1898-1956); más adelante, las de Johann Gottlieb Fichte (1762-1814) y George Wilhem Friedrich Hegel (1770-1831).

8 KW Institute for Contemporary Art
G2 · Auguststr. 69
11.00-19.00 mi-lu (hasta 21.00 ju) · kw-berlin.de

Esta galería, ubicada en una antigua fábrica de margarina, exhibe obras tanto de artistas consagrados como de emergentes.

EL BERLÍN JUDÍO

En el siglo XIX, en Berlín vivían 200.000 judíos, la mayor comunidad de toda Alemania. Además de los judíos adinerados con casas en el oeste de la ciudad, había muchos emigrantes de Europa del Este que residían en Spandauer Vorstadt, en concreto en Scheunenviertel, una zona deprimida. La propaganda nazi utilizó este último nombre para denominar toda la zona y perjudicar, por asociación, a todos los judíos.

Centro de Berlín: Scheunenviertel **103**

9 Gedenkstätte Grosser Hamburger Strasse
J5 **Grosser Hamburger Str.**
jg-berlin.org

Antes de 1939 era una calle judía con escuelas judías, el cementerio hebreo más antiguo de Berlín y un asilo para ancianos tristemente famoso en la época nazi, ya que las SS lo emplearon como centro de detención de judíos antes de trasladarlos a los campos de concentración. Un monumento recuerda a los miles de judíos que partieron desde aquí hacia la muerte. A la izquierda del asilo hay una escuela hebraica que ocupa el lugar de otra, fundada en 1778 por el filósofo de la Ilustración Moses Mendelssohn (1729-1786). A la derecha está el Alter Jüdischer Friedhof (antiguo cementerio judío), donde unos 12.000 ciudadanos judíos berlineses fueron enterrados entre 1672 y 1827. Fue destruido por los nazis en 1943 y transformado en parque en 1945. Unas cuantas tumbas barrocas, llamadas masebas, sobreviven en el muro original del cementerio. Un pequeño monumento señala la tumba donde se cree que reposa Mendelssohn.

10 Postfuhramt
J4 **Oranienburger Str. 35**

La fachada de la Postfuhramt (oficina de correos y comunicaciones) data del siglo XIX. Ahora es la sede de una empresa de tecnología médica.

La elaborada fachada de Postfuhramt

UN DÍA EN SCHEUNENVIERTEL

Mañana

Toma el S-Bahn hasta el antiguo distrito del ocio en Friedrichstrasse. Camina hacia el norte hasta Reinhardstrasse, frente a Friedrichstadt-Palast y gira a la izquierda en dirección a Bertolt-Brecht-Platz. Continúa en dirección sur por Albrechtstrasse hasta el **Berliner Ensemble** (p. 104), el teatro donde trabajaba Bertolt Brecht, y desvíate hasta su casa museo, la **Brecht-Weigel-Gedenkstätte.** Después vuelve a Friedrichstrasse y continúa hacia el norte hasta llegar a Chausseestrasse. Regresa sobre tus pasos, gira a la izquierda en **Oranienburger Strasse** (p. 101) para llegar a Scheunenviertel, un barrio con las últimas tendencias en moda. Un poco más adelante en esa calle, puedes divisar la cúpula de la **Neue Synagoge** (p. 101).

Tarde

Camina por Tucholskystrasse y gira a la derecha en Auguststrasse, para tomar algo en Strandbad Mitte (*Kleine Hamburger Strasse 16*). Tras la comida, regresa a Auguststrasse, donde hay bonitos patios, como el **Schulhof** (p. 105) en el n.° 21. Al otro lado de la calle está el vanguardista **KW Institute for Contemporary Art.** Sigue por Auguststrasse y gira por **Gedenkstätte Grosse Hamburger Strasse** y **Hackesche Höfe** (p. 101) para finalizar la ruta con unas compras.

Y además...

1. Charité
J3 Schumannstr. 20-21
charite.de
Reconocidos médicos, como Rudolf Virchow y Robert Koch, ejercieron y enseñaron en este célebre hospital fundado en 1710. El Museo de Historia de la Medicina (cerrado los lunes) expone 750 objetos.

2. Alte y Neue Schönhauser Strasse
J5 Hackescher Markt
Alte Schönhauser Strasse es una de las calles más antiguas de Spandauer Vorstadt y también una de las más animadas. Está llena de tiendas de moda tradicionales y modernas.

3. Deutsches Theater
J3 Schumannstr. 13A
deutschestheater.de
Este teatro (p. 72), que fue lugar de trabajo de Max Reinhardt, está considerado el mejor en lengua alemana y programa versiones modernas de los grandes clásicos.

4. Berliner Ensemble
J3 Bertolt-Brecht-Platz 1
berliner-ensemble.de
En este teatro, creado entre 1891 y 1892 por Henrich Seeling, se representaron la mayoría de las obras de Bertolt Brecht, incluída *La ópera de los tres peniques*.

5. Hochbunker
J3 Reinhardtstr 20
sammlung-boros.de
Uno de los pocos búnkeres de la guerra que se conservan en Berlín. Ahora alberga la colección de arte contemporáneo Boros.

6. Monbijoupark
J5 Oranienburger Str./Spree
Pequeño parque donde se alzaba el palacio Monbijou.

7. Auguststrasse
G2 Entre Oranienburger Str. y Rosenthaler Str.
En torno a esta calle se ha preservado el alma de Scheunenviertel, con patios y edificios que albergan galerías de arte.

8. Koppenplatz
G2 Junto a Auguststr.
Una mesa y una silla volcadas recuerdan la expulsión de los judíos de Berlín.

9. Sophienkirche
G3 Grosser Hamburger Str. 29
Esta parroquia del siglo XVIII conserva su viejo encanto berlinés.

10. Tucholskystrasse
J4
Esta calle es representativa de la rehabilitación de Scheunenviertel, con tiendas modernas y fachadas restauradas.

Un paseo por el agradable Monbijoupark

Patios antiguos

La fachada cubierta de hiedra en el patio Sophie-Gips-Höfe

1. Sophie-Gips-Höfe
G3 Sophienstr. 21-22

Famosa por albergar la colección de arte Hoffmann, esta antigua fábrica de máquinas de escribir también es un frecuentado lugar de reunión.

2. Sophienhöfe
G3 Sophienstr. 17-18

Antiguo taller artesanal que ha sido transformado con gusto en varios estudios de artistas y un teatro.

3. Heckmann-Höfe
G3 Entre Oranienburger Str. 32 y Auguststrasse 9

Estos patios bellamente restaurados de una fábrica de caramelos atraen a numerosos visitantes. Alberga un restaurante y tiendas modernas.

4. Sophienstr. 22 y 22A
G3

Dos pequeños patios interiores con plantas rodeados de muros de ladrillos amarillos y rojos.

5. Rosenthaler Strasse 37
J5

Este patio de azulejos es único. En su día parte de los almacenes Wertheim, hoy alberga una *boutique* y un bar de tapas. La casa a través de la que se accede, de 1775, tiene una bonita escalera de madera.

6. Schulhof
G2 Auguststr. 21

El tiempo parece haberse detenido en torno a 1900 en este patio, que alberga una escuela de primaria.

7. Hof Auguststrasse 5A
G3

Desde el amplio patio de la antigua oficina de correos (Postfuhramt) puede admirarse la fachada original del edificio.

8. Rosenthaler Strasse 39
J5

La subcultura post Muro, de colectivos de arte vanguardista, sigue viva en este patio sin reformar.

9. Kunsthof
J4 Oranienburger Str. 27

Un patio lleno de recovecos que está ocupado actualmente por talleres, oficinas y cafés.

10. Kunst-Werke (KW)
G2 Auguststr. 69

Este conocido centro de arte contemporáneo alberga grandes instalaciones de artistas en residencia.

Rosenthaler Strasse 39, un enclave importante de arte callejero berlinés

Pubs, bares y discotecas

1. Buck and Breck
G2 Brunnenstr. 177 Desde 18.00 diario buchandbrech.com

Local íntimo especializado en excelentes cócteles.

2. Pawn Dot Com Bar
G2 Torstr. 164 18.00-2.00 diario (hasta 3.00 vi y sá) pawndotcombar.berlin

Imaginativo bar de cócteles en el patio de una antigua tienda de empeños real.

3. B-flat
G3 Dirchsenstr. 40 Desde 20.00 do, mi y ju; desde 18.30 vi y sá b-flat-berlin.de

Pequeño local con actuaciones de jazz en directo y, en ocasiones, baile.

4. Reingold
F2 Novalistr. 11 (030) 28 38 7676 20.00-2.00 mi y ju, 8.00-5.00 vi y sá

Bar agradable de estilo años 20 perfecto para tomar una copa.

5. Hackbarth's
G2 Auguststr. 49A (030) 282 77 04 10.00-4.00 diario

Esta cafetería se transforma en un bar al caer la noche; sirve cerveza de barril.

6. Mr. Susan
J5 Krausnickstr. 1 Desde 18.00 mi-sá mrsusan.com

Moderno bar con cócteles creativos y, en ocasiones, eventos.

La entrada de Mein Haus am See, un bar-club retro chic

7. Anna Koschke
J5 Krausnichstr. 11 17.00-1.00 lu-ju, 17.00-3.00 vi y sá anna-hoschke.de

Este *pub* de barrio es muy popular entre estudiantes, y sus *bouletten* (albóndigas) son fabulosas.

8. Yosoy
J5 Rosenthaler Str. 37 Desde 11.00 diario yosoy.de

Restaurante español que sirve sabrosas tapas, vinos y cócteles. De madrugada suele estar abarrotado.

9. Mein Haus am See
G2 Brunnenstr. 197-198 mein-haus-am-see.club

Esta cafetería y bar *(p. 77)* abre 24 horas y es muy popular, sobre todo los fines de semana. Conviene reservar antes *online*.

10. Oxymoron
J5 Rosenthaler Str. 40-41 Desde 10.00 diario oxymoron-berlin.de

Bar, club y restaurante en el popular y vital Hackesche Höfe *(p. 101)*. Decorado con paredes cubiertas de tela de flores, está especializado en cocina alemana e internacional.

Una comida en la terraza del elegante Oxymoron

Dónde comer

1. Chen Che
G2 · Rosenthaler Str. 13
12.00-24.00 diario
chenche-berlin.de · €€
Este restaurante vietnamita ofrece comida fresca y tiene un tranquilo jardín de bambú.

2. Rutz
F2 · Chausseestr. 8 · 18.30-22.00 lu-vi · rutz-restaurant.de · €€€
Acogedor restaurante donde disfrutar de platos excepcionales preparados con ingredientes locales (p. 78).

3. Monsieur Vuong
G2 · Alte Schönhauser Str. 46
12.00-24.00 diario · monsieur vuong.de · €
En este pequeño establecimiento vietnamita preparan recetas asiáticas deliciosas.

4. Frea
G2 · Torstr. 180, esquina con Kleine Hamburger Str. · 17.30-24.00
frea.de · €€
Este restaurante sostenible sirve comida orgánica de origen vegetal y opera sin residuos.

5. Beth-Café
G2 · Tucholshystr. 40 · 11.00-20.00 do-vi (hasta 17.00 vi)
adassjisroel.de/heute/beth-cafe · €
Pequeño café de la comunidad Adass-Jisroel que sirve cocina judía, vinos *kosher* y cervezas.

6. Hackescher Hof
J5 · Rosenthaler Str. 40-41
Desde 8.00 lu-vi, desde 9.00 sá y do · hackescher-hof.de · €€
Uno de los mejores restaurantes de la zona sirve una deliciosa comida local.

7. Bandol sur Mer
G2 · Torstr. 167 · 18.00-22.00 ju-lu
bandolsurmer.de · €€€

PRECIOS
Una comida de tres platos, con media botella de vino (o equivalente), servicios e impuestos incluidos.

€ menos de 30 € €€ 30-60 € €€€ más de 60 €

Una estrella Michelin, bistró abierto con suculenta cocina francesa y muy bien emplatada.

8. Gärtnerei
G2 · Torstr. 179 · 18.00-23.30 diario · gaertnerei-berlin.com · €€€
Este elegante restaurante con estrella Michelin sirve comida alemana regada con vinos austriacos en su mayoría. La carta contiene opciones vegetarianas.

9. Kamala
J4 · Oranienburger Str. 69
(030) 283 27 97 · 12.00-23.30 diario · €€
Esta joya oculta sirve comida tailandesa a sus comensales y cuenta con una impresionante carta de vinos.

10. Coccodrillo
G2 · Veteranenstr. 9
11.45-14.45 y 17.30-24.00 lu-vi, 10.30-13.00 sá y do · bigsquadra.com/en · €€
El personal italiano sirve comida tradicional italiana en un ambiente años 50.

La refinada presentación del codillo de cerdo en Rutz

CENTRO DE BERLÍN: EN TORNO A ALEXANDERPLATZ

Los alrededores de Alexanderplatz –llamada Alex– son una de las zonas más antiguas de la ciudad. Aquí fue donde se fusionaron en el siglo XIII los asentamientos gemelos de Cölln y Berlín. Antes de la Segunda Guerra Mundial, la plaza marcaba el ritmo de la ciudad, pero tras los estragos de la guerra, perdió todo su encanto. Hoy la vitalidad descrita por Alfred Döblin en *Berlín Alexanderplatz* está resurgiendo poco a poco. Cerca se hallan Nikolaiviertel, el barrio del siglo XVIII, y la iglesia medieval Nikolaikirche.

Para saber dónde alojarse en esta zona, ver p. 175

1 Rotes Rathaus
📍 K6 🏛 Rathausstr. 15
📞 (030) 90 26 20 32
🕐 9.00-18.00 lu-vi

El magnífico edificio del ayuntamiento de Berlín (p. 61) alberga las oficinas del alcalde y es la sede del poder político de la ciudad. Se construyó entre 1861 y 1869 siguiendo planos de Hermann Friedrich Waesermann en el mismo terreno del antiguo ayuntamiento. El Rathaus simbolizaba el poder y la gloria de Berlín y su diseño estaba inspirado en los *palazzi* renacentistas italianos. El sobrenombre de *Rotes Rathaus* o Ayuntamiento Rojo no se refiere a su pasado socialista, sino a los ladrillos de color rojo, procedentes de la región de Brandeburgo con los que está construido.

- ① Imprescindible p. 109
- ① Dónde comer p. 115
- ① Y además... p. 112
- ① *Pubs*, cafés y cervecerías p. 114
- ① Compras p. 113

La Alexanderplatz berlinesa con la Berliner Fernsehturm al fondo

2 Alexanderplatz
📍 J6 🏛 Mitte

La amplia y un tanto desangelada plaza del centro de Berlín fue en otro tiempo uno de sus puntos más dinámicos. Alfred Döblin supo captar el ritmo de la ciudad en su famosa novela *Berlín Alexanderplatz* (1929). Poco queda del ambiente frenético de aquellos años previos a la guerra, aunque siempre hay actividad alrededor de los grandes almacenes Galeria (p. 113). Alexanderplatz fue originalmente un mercado de lana y ganado. De sus edificios históricos solo dos han sobrevivido: Berolinahaus y Alexanderhaus, cerca de la estación de S-Bahn de Alexanderplatz, ambas de 1929. La Segunda Guerra Mundial dejó la plaza convertida en un solar destrozado, y en los años sesenta se construyeron bloques de viviendas impersonales en los alrededores.

3 Berliner Fernsehturm
📍 J6 🏛 Panoramastr. 1a
🕐 Mar-oct: 9.00-24.00; nov-feb: 10.00-24.00 🌐 tv-turm.de

La torre de televisión de 368 m es el edificio más alto de Berlín. En los días claros, desde su mirador, situado a 203 m, se divisa un panorama de 40 km. El restaurante Sphere, ubicado en lo alto, rota sobre su eje cada 30 minutos. La torre, visible desde la distancia, fue levantada entre 1965 y 1969 por el Gobierno de Alemania Oriental y simbolizaba el poder de Berlín Oriental, su capital.

Coloridos edificios y calles adoquinadas en el Nikolaiviertel

4 Marienkirche
📍 J6 🏛 Karl-Liebknecht-Str. 8
🕐 10.00-18.00 lu-sá; 12.00-18.00 do
🌐 marienkirche-berlin.de

Construida en 1270, la Marienkirche (p. 58) fue remodelada en el siglo XV. Su torre barroca la convierte en una de las iglesias más hermosas de Berlín. En su interior destacan el púlpito de alabastro de Andreas Schlüter (1703) y el altar principal (1762). La pila bautismal gótica (s. XV) y el fresco de 22 m de longitud *Der Totentanz* (Danza macabra), de 1485, son sus dos tesoros más antiguos.

5 Marx-Engels-Forum
📍 K5

Esta parque público fue fundado por las autoridades de Alemania Oriental poco después de la reunificación, en 1989. En el monumento erigido en 1986 y dedicado a Friedrich Engels y Karl Marx, padres del socialismo, está garabateado: "La próxima vez será diferente".

6 Nikolaiviertel
📍 K6 🏛 Mitte Knoblauchhaus: Poststr. 23 🕐 10.00-18.00 ma-do
🌐 en.stadtmuseum.de

El pintoresco barrio en torno a Nikolaikirche (p. 161), con sus callejuelas estrechas llenas de recovecos en los que se esconden tiendas y restaurantes, es una de las zonas con más encanto de Berlín. El área comprendida entre el río Spree y Mühlendamm fue arrasada durante la Segunda Guerra Mundial. Las autoridades de Alemania Oriental la restauraron, en ocasiones con escaso acierto, ya que añadieron fachadas prefabricadas a varios edificios. Una de las pocas casas que escaparon a la destrucción fue Knoblauchhaus. Levantado en 1835, fue hogar de la familia Knoblauch (Eduard Knoblauch fue el arquitecto de la Neue Synagoge). Hoy día es un museo de la vida cotidiana de Berlín, que incluye unos aposentos decorados al estilo Biedermeier.

Estatuas de Karl Marx y Friedrich Engels

7 Märkisches Museum
📍 L6 🏛 Am Köllnischen Park 5
🕐 Por obras hasta 2026
🌐 en.stadtmuseum.de

El museo municipal de Berlín exhibe diversos objetos relacionados con la cultura e historia de la ciudad, incluidos

Centro de Berlín: en torno a Alexanderplatz

tesoros arquitectónicos como la cabeza de uno de los caballos que adornaban la Puerta de Brandeburgo. También hay parte de una capilla gótica, con una colección de esculturas medievales.

8 Ephraim-Palais
K6 Poststr. 16 10.00-18.00 ma-do en.stadtmuseum.de

Este palacio rococó, erigido en 1766 para el rico comerciante Nathan Veitel Heinrich Ephraim, estuvo considerado como el más bello de la ciudad. Demolido y reconstruido después, hoy es un museo sobre la historia local y la historia del arte berlinés.

9 Karl-Marx-Allee y Frankfurter Allee
H3 Mitte/Friedrichshain

Esta avenida fue construida entre 1949 y 1955 como ejemplo socialista. Los edificios de estilo soviético situados en la Stalinalle, como era llamada, albergan modernísimos apartamentos muy deseados hoy en día también.

10 Neptunbrunnen
K6 Am Rathaus

Gran fuente neobarroca (1895) con Neptuno, dios del mar, rodeado por cuatro figuras femeninas que simbolizan los principales ríos de Prusia: Rin, Vístula, Oder y Elba.

La espectacular fuente neobarroca Neptunbrunnen

UN DÍA EN TORNO A ALEXANDERPLATZ

Mañana

Comienza en Strausberger Platz, donde se puede admirar la arquitectura socialista de Frankfurter Allee y **Karl-Marx-Allee**. Luego, toma el U-Bahn (o continúa a pie) hasta **Alexanderplatz** (p. 109), donde puedes ir de compras antes de visitar la hermosa Marienkirche. Retrocede para contemplar la preciosa fuente **Neptunbrunnen** y camina hasta la **Berliner Fernsehturm** donde -si el clima acompaña- tienes la opción de subir en ascensor. Después, pasa junto al **Rotes Rathaus** (p. 101) de camino hacia el **Marx-Engels-Forum** y aprovecha para comer en **Zillestube** (p. 115), con su estupenda terraza.

Tarde

Después de comer, pásate por el Schlüterhof y cruza la **Schlossplatz** para caminar junto al Friedrichsgracht y contemplar el Jungfernbrücke. Gira a la izquierda por Neumannsgasse hasta llegar a **Brüderstrasse** (p. 112), con sus dos casas históricas. Continúa hacia Scharrenstrasse y Breite Strasse, hasta cruzar el río Spree por el Mühlendammbrücke. A la izquierda, se encuenta el viejo **Nikolaiviertel.** El museo Nikolaikirche merece una visita. Termina el día con una cena en **Zur Gerichtslaube** (p. 115).

Y además...

1. Franziskaner-Klosterkirche
K6 · Klosterstr. 74 · 10.00-18.00 diario · hlosterruine.berlin

Los restos de la abadía franciscana del siglo XIII y los jardines que la rodean forman un pintoresco enclave para descansar.

2. Stadtmauer
K6 · Waisenstr.

Fragmento de la antigua muralla de la ciudad que rodeaba los asentamientos gemelos de Berlín y Cölln.

3. Palais Podewil
K6 · Klosterstr. 68 · hulturprojekte.berlin/en/podewil

Este palacio barroco de color amarillo pálido (1701-1704) se ha convertido en el centro cultural Podewil, y una filial del teatro Grips *(p. 70)*.

4. Stadtgericht
K6 · Littenstr. 13-15 · 9.00-13.00 lu-vi

En el vestíbulo del imponente edificio de los juzgados municipales hay una lujosa escalinata, con balaustradas curvas y columnas estilizadas.

5. Parochialkirche
K6 · Klosterstr. 67 · 9.00-15.30 lu-vi

Esta iglesia barroca, obra de Johann Arnold Nering y Martin Grünberg, era una de las más hermosas de Berlín, pero su interior y el campanario fueron destruidos en la Segunda Guerra Mundial. En 2016 se creó una réplica de la torre, con un carillón con 52 campanas.

6. Märkisches Ufer
L6

Paseo pintoresco que discurre paralelo al río y ofrece un original panorama de la ciudad, tal y como debía ser en el siglo XVIII. Preste atención al número 12, una casa barroca típica berlinesa construida inicialmente en Fischerinsel en 1740 y trasladada aquí en 1969.

7. Heilig-Geist-Kapelle
J5 · Spandauer Str. 1

Este hospital que data de alrededor de 1300 es un bello ejemplo de construcción gótica de ladrillo visto.

8. Ribbeckhaus
K5 · Breite Str. 36

La única casa renacentista que se conserva en el centro de Berlín, con una fachada muy ornamentada.

9. Brüderstrasse
L5

Esta callejuela detrás de Petriplatz tiene un interesante pasado. El Palais Happe, en el n.º 10, alberga la galería Kewenig.

10. Historischer Hafen
L6 · Märkisches Ufer · historischer-hafen-berlin.de

En este puerto hay varios ejemplos de barcas y remolques que navegaban por el Spree. El *Renate-Angelika* acoge una exposición sobre la navegación.

Los espléndidos vestíbulo y escalinata del Stadtgericht

Compras

El centro comercial Alexa, con tiendas de primeras marcas

1. Galeria
📍 J6 🚇 Alexanderplatz 9 🕒 9.30-20.00 lu-sá 🌐 galeria.de

En los mayores almacenes del este de Berlín se vende de todo. Su departamento de alimentación ofrece especialidades deliciosas de los cinco continentes.

2. Die Puppenstube
📍 K6 🚇 Propststr. 4
🕒 9.00-18.30 lu-sá, 11.00-18.00 do 🌐 puppen-eins.de

Adorables muñecas de porcelana y otros materiales, además de montañas de amorosos animales de peluche.

3. Teddy's
📍 K6 🚇 Propststr. 4 🕒 10.00-18.00 diario 🌐 teddy-laden.de

Una antigua tienda de juguetes que probablemente cuenta con el mayor surtido de ositos de peluche de la ciudad. También hay ropa y accesorios para los ositos.

4. Schmuck und Kunsthandwerk Berlin
📍 K6 🚇 Am Nußbaum 8 🕒 11.00-19.00 lu-sá 🌐 berlin-kunsthandwerk.de

Una bonita joyería con anillos, collares, pulseras y pendientes hechos a mano con cristales de Swarovski y Polaris.

5. Manga-Mafia Store
📍 J6 🚇 Karl-Liebknecht-Str. 13
📞 (030) 61 65 34 57
🕒 10.00-19.00 lu-sá

Un paraíso para los amantes del manga y el anime. Gran variedad de cómics japoneses, libros de arte y artículos relacionados con esta temática.

6. U- y S-Bahnhof Alexanderplatz
📍 J6 🚇 Alexanderplatz

Esta zona tan bulliciosa tiene una gran variedad de tiendas, además de *imbiss* (puestos de comida) y locales de comida rápida.

7. Alexa
📍 K6 🚇 Am Alexanderplatz, Grunerstr. 20 🕒 10.00-21.00 lu-sá 🌐 alexacentre.com

En este centro comercial hay alrededor de 180 comercios, como Build-a-Bear, donde los niños hacen su propio peluche y LOXX, el modelo de tren operado digitalmente más grande del mundo.

8. Erzgebirgischer Weihnachtsmarkt
📍 K6 🚇 Propststr. 8 🕒 11.00-18.00 lu-do 🌐 das-sachsenhaus.de

Una amplia gama de puestos de artesanía alemana, incluidos los tradicionales cascanueces de madera.

9. Münzstrasse
📍 J6

Esta callecita está repleta de originales *boutiques* y tiendas de diseñadores.

10. Wood Wood
📍 J6 🚇 Rochstr. 3/4
🕒 12.00-18.00 lu-sá
🌐 woodwood.com

Ropa de diseñadores para hombre y mujer, además de su propia marca.

Cascanueces de madera

Pubs, cafés y cervecerías

1. Zur letzten Instanz
📍 K6 🏠 Waisenstr. 14-16 🕐 12.00-24.00 ma-do 🌐 zurletzten instanz.com

El *pub* más antiguo de Berlín data de 1621 y entre sus clientes han estado Napoleón, Beethoven y Angela Merkel.

2. Zum Nußbaum
📍 K6 🏠 Am Nußbaum 3 📞 (030) 242 30 95 🕐 12.00-24.00

Pub tradicional (p. 79) en Nikolaiviertel que sirve en verano cerveza de barril y *Berliner Weisse*.

3. The Greens
📍 H3 🏠 Am Krögel 2 🕐 10.00-18.00 lu-vi, 12.00-18.00 sá y do 🌐 the-greens-berlin.de

Una cafetería un tanto escondida en un entorno repleto de plantas.

4. Brauhaus Georgbräu
📍 K6 🏠 Spreeufer 4 🕐 10.00-24.00 diario (invierno: desde 12.00 diario) 🌐 georgbraeu.de

En esta cervecería se ofrece cocina rústica y cervezas de Berlín y Múnich.

5. Hafenbar-Fischerinsel
📍 H4 🏠 Märkisches Ufer 28 🕐 May-oct: 12.00-23.00 mi-do 🌐 hafenbar.business.site

Este restaurante en la cubierta de un viejo remolcador, el *Renate-Angelika*, sirve cerveza y ensalada de patata.

6. Café Oliv
📍 J6 🏠 Münzstr. 8 🕐 8.30-18.00 lu-vi, 9.30-19.00 sá, 10.00-18.00 do 🌐 oliv-cafe.de

Café elegante muy popular por sus sándwiches orgánicos y pasteles recién hechos.

7. Café Ephraim's
📍 K6 🏠 Spreeufer 1 🕐 12.00-23.00 diario 🌐 ephraims.de/en

Opípara comida alemana con excelentes café y pasteles, unidos a las maravillosas vistas del río Spree. Atrae a turistas y locales.

8. tigertörtchen
📍 K6 🏠 Spandauer Str. 25 🕐 8.00-18.00 ju-ma 🌐 tigertoertchen.de

Es el lugar perfecto para probar originales *cupcakes* como las de dátil y nueces o cangrejo y eneldo.

9. Marinehaus
📍 L6 🏠 Märkisches Ufer 48-50 🕐 12.00-tarde diario 🌐 marinehaus.de

Taberna tradicional alemana con una decoración de estilo marinero.

10. Hofbräu Wirtshaus
📍 H3 🏠 Karl-Liebknecht-Str. 30 🕐 12.00-23.00 lu-vi, 10.00-24.00 sá y do 🌐 hofbraeu-wirtshaus.de/berlin

Disfrute platos del sur de Alemania en este patio cervecero bávaro.

Descanso en un banco a la puerta de Zur letzten Instanz

Dónde comer

> **PRECIOS**
> Una comida de tres platos, con media botella de vino (o equivalente), servicios e impuestos incluidos.
>
> € menos de 30 € €€ 30-60 € €€€ más de 60 €

1. The Grand
J6 Hirtenstr. 4 Desde 19.00 diario the-grand-berlin.com · €€
Lujoso restaurante famoso por sus deliciosos bistecs.

2. Alois Moser – Alpenküche
J5 Anna-Luise-Karsch-Str. 2 10.00-22.00 lu-do alois-moser.de · €
Un acogedor restaurante con una carta austriaca y vistas de la Isla de los Museos y la Berliner Dom.

3. Zur Gerichtslaube
K6 Poststr. 28 11.30-1.00 diario gerichtslaube.de · €€
Tradicional, con especialidades berlinesas como salchichas de Prusia.

4. MAMMAM Street Food Mitte
L6 Inselstr. 8 11.00-21.00 diario mammam-berlin.de · €€
Agradable restaurante con platos inspirados en la comida callejera de Vietnam y Tailandia.

5. Zum Paddenwirt
K6 Nikolaikirchplatz 6 Desde 12.00 diario paddenwirt.de · €€
Visita obligada para los amantes de la cocina berlinesa, con arenques fritos, carne de cerdo adobada y cerveza.

6. Zillestube
K6 Spreeufer 3 Desde 11.00 diario zillestube-nikolaiviertel.de · €
Este pequeño *pub*, que debe su nombre al pintor y fotógrafo Heinrich Zille, sirve comida berlinesa y cervezas tradicionales en un ambiente rústico.

El colorido exterior de Mutter Hoppe, iluminado de noche

7. Fischer & Lustig
K6 Poststr. 26 12.00-24.00 fischerundlustig.de · €€
Sirve cocina regional hecha con ingredientes locales. Extensa carta de pescados. Las mesas del patio son muy populares en verano.

8. Balthasar Spreeufer 2
K6 Spreeufer 2 12.00-22.00 diario balthazar-restaurant.de · €€
Disfrute de la cocina alemana e internacional con platos de cocina fusión tales como los *tagliatelle* con salsa de tomate y gengibre.

9. Fernsehturm Sphere
J6 Panoramastr. 1a 10.00-24.00 diario tv-turm.de/restaurant-sphere · €€
Fabulosas vistas desde el restaurante giratorio en lo alto de la torre de televisión y especialidades de Berlín-Brandeburgo.

10. Mutter Hoppe
K6 Rathausstr. 21 Desde 11.30 diario mutterhoppe.de · €€
Las generosas raciones de comida tradicional alemana compensan la brusquedad del personal.

TIERGARTEN Y EL DISTRITO FEDERAL

En 1999, el centro de Berlín se convirtió en Distrito Federal. Alrededor del Tiergarten, el parque más grande de la ciudad, se alzan el Reichstag, el Bundeskanzleramt y Schloss Bellevue, la residencia oficial del presidente de la República Federal de Alemania. Tiergarten es agradable para pasear y montar en bicicleta. En él se encuentran el Landwehrkanal, Neuer See, el río Spree y el zoológico de Berlín. En verano, se llena de gente que hace pícnics, toma el sol o practica algún deporte.

- ❶ Imprescindible
  p. 117
- ① Dónde comer
  p. 121
- ① Tesoros escondidos
  p. 120

Para saber dónde alojarse en esta zona, ver p. 175

Tiergarten y el Distrito Federal 117

El Reichstag, coronado con una moderna cúpula de cristal

1 Reichstag
Ningún lugar emblemático de Berlín ha simbolizado tanto la historia de Alemania como el Reichstag (p. 24) –la sede del Parlamento alemán–.

2 Kulturforum
Este singular conjunto (p. 46) de edificios modernos alberga los mejores museos y salas de conciertos del oeste de Berlín.

3 Grosser Tiergarten
L1 Tiergarten

El Grosser Tiergarten (p. 66) es la mayor zona ajardinada de la capital, más de 200 hectáreas que se extienden entre las mitades este y oeste de Berlín. Originalmente fue la finca de caza de los electores y en la década de 1830 Peter Joseph Lenné lo rediseñó como parque. A finales del siglo XIX se creó la Siegesallee, una avenida de 500 m de longitud flanqueada por estatuas de monarcas y políticos. Tras la Segunda Guerra Mundial, el hambre y el frío empujaron a los berlineses a talar casi todos los árboles para hacer leña y transformar los jardines en huertas. Gracias a las labores de reforestación emprendidas a partir de 1950, el Tiergarten es uno de los espacios verdes favoritos de la capital.

4 Siegessäule
D4 Grosser Stern

En el centro del Tiergarten se alza la columna de la Victoria (p. 61), de 62 m, en memoria de la victoria de Prusia contra Dinamarca en 1864. Tras otras victorias frente a Austria, en 1866, y Francia, en 1871, se coronó con una estatua de 35 toneladas recubierta de oro que representa a la diosa Victoria. Desde el mirador, 285 escalones, vistas espléndidas.

5 Diplomatenviertel

📍 E4 📌 Entre Stauffenbergstr. y Lichtensteinallee y en Tiergartenstr.

A finales del siglo XIX surgió en Berlín un barrio de las embajadas que creció rápidamente. La mayor parte de las construcciones resultaron destruidas en la Segunda Guerra Mundial y los trabajos de restauración no comenzaron hasta la reunificación. Tras el traslado del gobierno de Bonn a Berlín en 1999, el distrito cobró nueva vida. Destacan las embajadas austriaca e india en Tiergartenstrasse, así como las de los países nórdicos en Rauchstrasse y de México, en Klingelhöferstrasse.

6 Hamburger Bahnhof

📍 F2 📌 Invalidenstr. 50-51
🕐 10.00-18.00 ma-vi (hasta 20.00 ju), 11.00-18.00 sá y do
🌐 smb.museum

La antigua estación de tren de Hamburgo (p. 57) es hoy el Museum für Gegenwart (Museo del Presente), que ofrece obras de arte contemporáneo. Una de las joyas del museo es la colección privada de Erich Marx, que incluye obras de Joseph Beuys y otros.

7 Sowjetisches Ehrenmal

📍 K2 📌 Str. des 17. Juni

El monumento dedicado a la Unión Soviética se inauguró el 7 de noviembre de 1945. Está flanqueado por dos tanques, supuestamente los primeros en llegar a Berlín, y recuerda a los 300.000 soldados del Ejército Rojo muertos durante la Segunda Guerra Mundial. Una leyenda cuenta que la columna fue construida con mármol de la Cancillería del Reich de Hitler. Diseñada por Nicolai Sergijevsky, la columna está coronada por una estatua de bronce obra de Lev Kervel. Detrás del monumento hay enterrados 2.500 soldados rusos.

8 Potsdamer Platz

La Potsdamer Platz (p. 30), destrozada en la Segunda Guerra Mundial, fue un erial durante 40 años. En la década de 1990, comenzó la reurbanización y se convirtió en una de las mayores zonas en obras de Europa, trabajos que duraron cinco años. En la actualidad es una de las plazas más concurridas de Berlín. Al este está la Leipziger Platz, en la que se levanta el centro comercial Mall of Berlin. Al sudoeste está el Kulturforum, donde se encuentra la Filarmónica de Berlín (p. 46) y la Gemäldegalerie (p. 47).

PETER JOSEPH LENNÉ

Lenné (1789-1866), uno de los arquitectos paisajistas más influyentes de Alemania, nació en Bonn. Tras estudiar en París, en 1816 entró como aprendiz en los jardines reales de Potsdam. Allí conoció a Schinkel y juntos renovaron los jardines de Potsdam y Berlín con el estilo armonioso característico de su época.

Tiergarten y el Distrito Federal   119

Exposición sobre la Alemania nazi en Bendlerblock

9 Gedenkstätte Deutscher Widerstand
- E4
- Stauffenbergstr. 13-14
- 9.00-18.00 lu-vi (hasta 20.00 ju) 10.00-18.00 sá y do
- gdw-berlin.de

Conocido hoy como Bendlerblock, este complejo de la década de 1930 se halla detrás del antiguo Ministerio de la Guerra prusiano. Durante la Segunda Guerra Mundial se empleó como cuartel general. Aquí fue donde un grupo de oficiales planeó el asesinato fallido de Adolf Hitler del 20 de julio de 1944. Claus Schenk Graf von Stauffenberg y otros fueron arrestados y muchos fusilados durante la noche. Un monumento de Richard Scheibe (1953) recuerda estos acontecimientos. En el piso superior, una pequeña exposición documenta la resistencia alemana contra el régimen nazi.

10 Villa von der Heydt
- E4
- Von-der-Heydt-Str. 18
- preussischer-kulturbesitz.de/en

Villa de estilo neoclásico tardío construida (1860-1861) por los arquitectos Hermann Ende y G. A. Linke en una de las áreas residenciales más elegantes de la ciudad de entonces. Es un ejemplo –pocos sobreviven– de la arquitectura original del Tiergarten. La Fundación del Patrimonio Prusiano tiene su sede en ella.

Sowjetisches Ehrenmal, el monumento a las fuerzas armadas soviéticas

---

UN DÍA EN TORNO A TIERGARTEN

Mañana
Empieza el itinerario por Tiergarten, cerca del **Reichstag** (p. 24). Recorre el Distrito Federal, empezando por las oficinas del Canciller Federal o Bundeskanzleramt. Haz una parada en el **Käfer im Reichstag** (p. 121) para desayunar. No olvides pasar junto al carillón y la Haus der Kulturen der Welt hasta llegar al **Grosser Tiergarten** (p. 66). Toma uno de los senderos del parque hasta llegar a Strasse de 17 Juni. Gira a la derecha en dirección **Siegessäule** (p. 117) y continúa por Fasanerieallee hasta el **Café am Neuen See** (p. 67), donde almorzar.

Tarde
Tras almorzar, da un paseo por Diplomatenviertel. Para ello, toma Lichtesteinallee y después Thomas-Dehler-Strasse en dirección este, hasta Rauchstrasse, donde están las embajadas escandinavas. Ya en Tiergartenstrasse se ven las embajadas de Japón, Italia, Austria e India. Dirígete al **Kulturforum** (p. 46) y camina después por Reichpietschufer hasta la **Neue Nationalgalerie** (p. 46) para ver obras de Edvard Munch, Gerhard Ricther y Andy Warhol. Merece la pena acabar con una cena en el restaurante con estrella Michelin **Vox** (p. 121) en el Grand Hyatt.

Tesoros escondidos

1. Neuer See
D4 **S-Bahn, estación de Tiergarten**
El lago Neuer See, en Tiergarten, es perfecto para practicar el remo. Después, el Café am Neuen See es estupendo para relajarse.

2. Löwenbrücke
D4 **Grosser Weg**
El puente del León, que atraviesa un riachuelo cercano al Neuer See, fue construido en 1838 y está sostenido por cuatro leones esculpidos. Actualmente es uno de los lugares de reunión predilectos de Berlín.

3. Lortzing-Denkmal
L1 **Östlicher Grosser Weg**
En Tiergarten hay 70 estatuas de filósofos, poetas y estadistas. La del compositor Lortzing, junto al Neuer See, es una de las más bellas.

4. Embarcaderos
K1 **Str. des 17. Juni, Tiergartenufer**
En las orillas del río Spree se encuentran algunos de los embarcaderos que todavía se conservan en Berlín y que ponen una nota idílica en medio de la ajetreada metrópolis.

5. Farolas del Tiergarten
L1 **S-Bahn, estación de Tiergarten**
Por la noche, 80 farolas de gas iluminan los senderos de Tiergarten y crean un ambiente romántico.

La pintoresca cervecería Schleusenkrug junto a la esclusa del Landwehrkanal.

6. Englischer Garten
D3 **An der Klopstockstr.**
Los jardines de estilo inglés junto a Schloss Bellevue son un lugar ideal para pasear o relajarse en Teehaus.

7. Esclusas
L1 **En el zoo, estación de S-Bahn de Tiergarten**
Las dos esclusas del Landwehrkanal y la cervecería Schleusenkrug son muy populares entre locales y turistas.

8. Embajada de Estonia
E4 **Hildebrandtstr. 5**
Este edificio, cerca de la embajada griega, es característico del distrito diplomático.

9. Landwehrkanal
C3-G5 **Corneliusstr.**
Las orillas del Landwehrkanal (11 km) son perfectas para descansar.

10. Carillón
K1 **John-Foster-Dulles-Allee (Haus der Kulturen der Welt)**
El Carillón, inaugurado en 1987 (42 m), es el mayor de su clase en toda Europa. Sus 68 campanas se escuchan cada día a las 12.00 y a las 18.00. Los domingos de mayo a septiembre, se celebran conciertos al aire libre.

El Carillón, un esbelto campanario, atalaya sobre los árboles del Tiergarten

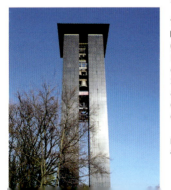

Dónde comer

1. Café am Neuen See
D4 Tiergarten, Neuer See, Lichtensteinallee 2 Mar-oct: 9.00-23.00 diario; nov-feb: 10.00-20.00 sáb y dom cafeamneuensee.de · €
Este restaurante, café y cervecería se encuentra a orillas del lago.

2. Schleusenkrug
D4 Tiergarten-Schleuse 12.00-24.00 lu-sá (desde 11.00 do; invierno: hasta 19.00) schleusenkrug.de · €
Café junto a una esclusa, con un jardín frecuentado por estudiantes.

3. Zollpackhof
J1 Elisabeth-Abegg-Str.1 12.00-23.00 diario zollpackhof.de · €€
Inmensa cervecería con terraza y vistas al Spree que sirve comida austriaca y cerveza bávara.

4. Käfer im Reichstag
K2 Platz der Republik 9.00-13.00 y 19.00-23.00 ju-sá, 9.00-13.00 do feinhost-haefer.de/berlin · €€
Restaurante un tanto pretencioso, conocido sobre todo por sus vistas.

5. Joseph-Roth-Diele
E5 Potsdamer Str. 75 10.00-24.00 lu-vi joseph-roth-diele.de · €
Conocido bar-restaurante con comida tradicional alemana. Pago en efectivo.

6. Panama
E5 Potsdamer Str. 91 18.00-23.00 mi-vi, 16.00-23.00 sá y do oh-panama.com · €€
Los innovadores platos de este moderno restaurante son tapas perfectas para compartir.

7. Vox
F4 Marlene-Dietrich-Platz 2 18.30-23.00 diario vox-restaurant.de · €€
Elegante local en el Hotel Grand Hyatt con una cocina de fusión asiática e internacional. Es totalmente recomendable probar el *sushi*.

> **PRECIOS**
> Una comida de tres platos, con media botella de vino (o equivalente), servicios e impuestos incluidos.
>
> € menos de 30 € €€ 30-60 € €€€ más de 60 €

8. Hugos
D4 Budapester Str. 2 18.30-21.30 ma-sá berlin.intercontinental.com · €€€
Alta cocina, espectaculares vistas y espléndido servicio convierten a este local con estrella Michelin en uno de los mejores. Hay también un bar de vinos y reservados para comer.

9. Paris-Moskau
J1 Alt-Moabit 141 12.00-15.00 y 18.00-24.00 lu-vi, 18.00-22.00 sá paris-moskau.de · €€
Un restaurante clásico que sirve platos de temporada. Su especialidad es el marisco.

10. Facil
L2 Potsdamer Str. 3 12.00-15.00 y 19.00-23.00 lu-vi facil.de/de · €€€
Restaurante gourmet de cocina mediterránea con dos estrellas Michelin. La terraza para cenar está rodeada de jardines de bambú.

Clientes disfrutando de la comida tradicional en la cervecería Zollpackhof

CHARLOTTENBURG Y SPANDAU

El sofisticado enclave de la alta burguesía de Charlottenburg era el único distrito que no tocaba el Muro. En las calles en torno a Ku'damm, se suceden galerías, *boutiques*, cafés y restaurantes, muchos de ellos en robustos edificios residenciales de principios del siglo XX. El centro de esta zona y el ayuntamiento rememoran un pasado como la ciudad más rica de Prusia, que no se anexionó a Berlín hasta 1920. Spandau, al otro lado del Spree y el Havel, resulta casi rural, con su centro medieval y su ciudadela, un enclave pequeño e independiente, lejos del bullicio del centro berlinés.

1 Käthe-Kollwitz-Museum
Este impresionante museo (p. 43) permite descubrir la obra de la artista gráfica y escultora alemana Käthe Kollwitz (p. 64). Sus dibujos y esculturas retratan los problemas sociales, la tragedia humana y el sufrimiento. Se exhiben carteles, esculturas y dibujos, así como cartas y fotografías.

- ❶ Imprescindible p. 122
- ① Dónnde comer p. 131
- ① Y además... p. 128
- ① Cafés y cafeterías p. 130
- ① Compras p. 129

2 Zitadelle Spandau
🏛 Am Juliusturm ⏰ 10.00-17.00 diario 🌐 zitadelle-berlin.de
Construida en 1560 por Francesco Chiaramella de Gandino, está estratégicamente situada en la confluencia de los ríos Havel y Spree. En el siglo XII, su lugar lo ocupaba otra fortaleza, de la que solo ha quedado la Juliusturm, utilizada como prisión en el s. XIX. Más tarde se custodiaron aquí los tesoros entregados por Francia al Imperio germánico en pago por su derrota en la guerra franco-prusiana de 1870-1871. El museo de historia de Spandau está en el antiguo arsenal de la fortaleza.

3 Kurfürstendamm
El famoso bulevar berlinés (p. 38), frecuentado por escritores, directores y pintores de entreguerras, es hoy una

Vistas del Schloss Charlottenburg desde los jardines del palacio

animada avenida con tiendas de diseño y elegantes cafés.

4 Schloss Charlottenburg

Los bonitos jardines de estilo barroco e inglés de esta residencia de verano de los Hohenzollern *(p. 42)* son un lugar perfecto para pasear. Los interiores, que fueron devastados durante la Segunda Guerra Mundial y después restaurados, resultan impresionantes.

Para saber dónde alojarse en esta zona, ver p. 176

La Gotisches Haus, de ladrillo rojo, en el centro histórico de Spandau

5 Centro histórico de Spandau
◮ Breite Str., Spandau

Al recorrer el centro histórico peatonalizado de Spandau es fácil olvidar que se encuentra en Berlín. En las callejuelas de los alrededores de Nicolaikirche (siglo XIII) se suceden casas de la Baja Edad Media, un recuerdo de que Spandau fue fundada en 1197. Gotisches Haus, la casa más antigua de Berlín, de finales del siglo XV, está en el número 32 de Breite Strasse, y fue construida en piedra cuando la mayoría de casas eran de madera. Ahora, es un centro de información turística donde se exponen utensilios de la época.

6 Savignyplatz
◮ C4 ◮ An der Kantstr.

Esta plaza, una de las más impresionantes de Berlín, se encuentra en pleno corazón de Charlottenburg y recibe su nombre de un famoso legislador del siglo XIX. Un lugar de artistas e intelectuales, zona de moda para comer y entretenerse. La plaza cuenta con dos espacios verdes a cada lado de la Kantstrasse. Fue construida en los años veinte como parte de un proyecto que tenía por objeto ampliar el número de parques de la ciudad. Con sus idílicos senderos, zonas verdes y pérgolas es ideal para pasear. Savignyplatz ofrece cafeterías, restaurantes y tiendas, especialmente en Grolman, Knesebeck y Carmerstrasse. Como muchos se han perdido por estas calles tras una noche de juerga, la zona recibe el jocoso apelativo de "Savignydreieck" (el triángulo de Savigny). Al norte se encuentran las atractivas calles de Charlottenburg, incluidas Knesebeck, Schlüter y Goethestrasse. Aquí, el ajetreo de los numerosos comercios, librerías y cafés se acentúa los sábados. Al sur de la plaza, bajo las arcadas rojas del S-Bahn, hay atractivas tiendas y bares, especialmente el Savignypassage, cerca de Bleibtreustrasse y el callejón entre las calles Grolman y Uhlandstrasse, en el lado opuesto de la plaza.

SPANDAU Y BERLÍN

Spandau, una de las ciudades más antiguas dentro del área urbana de Berlín, es 60 años más antigua que la capital y sus habitantes presumen de su independencia histórica. La desconfianza mutua no es solo el resultado del aislamiento de Spandau, separado de Berlín por los ríos Spree y Havel, también se debe a que el barrio fue independiente hasta 1920. De hecho, los habitantes de Spandau todavía hablan de "ir a Berlín", aun cuando el desplazamiento implique tan solo recorrer unas pocas estaciones de metro U-bahn.

7 Fasanenstrasse
C5 · Charlottenburg

Esta elegante calle es de las más exclusivas de los alrededores de Ku'damm. Repleta de tiendas de diseño, galerías de arte y pequeños comercios. En la confluencia de Ku'damm y Fasanenstrasse se encuentra uno de los puntos más animados de Berlín. Uno de los principales focos de atracción, el Hotel Bristol Berlin (antes Kempinski), está en el extremo norte de Fasanenstrasse. El antiguo banco, justo enfrente, es un buen ejemplo de cómo se armoniza un edificio histórico con las modernas técnicas arquitectónicas. Junto a él se halla la Jüdisches Gemeindehaus (p. 128), Casa de la Comunidad Judía, y un poco más allá, en el cruce con Kantstrase, el Kant-Dreieck (p. 63). El edificio de la Bolsa, con sede en la ultramoderna Ludwig-Erhard Haus (p. 63), está más arriba, en la esquina de Hardenbergstrasse. En la mitad sur de la calle predominan las casas residenciales, algunas de las cuales pueden parecer un tanto pretenciosas. Aquí están también la Literaturhaus y Villa Grisebach, una de las casas de subastas más antiguas de la ciudad. También hay algunas tiendas exclusivas así como restaurantes acogedores. En su extremo sur, la calle termina en la pintoresca Fasanenplatz, donde vivía un gran número de artistas antes del año 1933.

El hermoso café en el jardín de la Literaturhaus, en Fasanenstrasse

UN DÍA EN CHARLOTTENBURG

Mañana

Comienza el recorrido en Breitscheidplatz y pasea por **Kurfürstendamm** (p. 38) en dirección oeste. Gira a la izquierda por **Fasanenstrasse** para visitar la Literaturhaus. Puedes desayunar en el Café Wintergarten (p. 130), en la misma Literaturhaus, antes de regresar a Fasanenstrasse en dirección norte. A la izquierda está el **Hotel Bristol Berlin** (p. 176) y a la derecha, la Jüdisches Geneindehaus y la Ludwig-Erhard-Haus. En diagonal y en dirección opuesta a Kantstrasse, está el **Theater des Westens** (p. 128). Gira a la izquierda y dirígete al oeste por Kantstrasse hasta Savignyplatz. Explora las callejuelas en torno a la plaza, como Knesebeck-, Bleibtreu- y Mommsenstrasse en busca de tiendas singulares. Al noroeste de la plaza, te espera el restaurante indio Ashoka (Grolmanstrasse 51), perfecto para comer, o escoge si no algún local en Kanststrasse.

Tarde

Continúa hacia el oeste por Kantstrasse hasta **Stilwerk KantGaragen** (p. 129), una tienda de interiorismo y galería de arte. Al regresar, para en **Der Kuchenladen** (Kantstrsse 138) y tómate un café con una tarta. Sigue por Kantstrasse y Jebensstrasse para terminar en el **Museum für Fotografie** (p. 126) y contemplar los famosos Grandes Desnudos de Helmut Newton.

La Funkturm con el edificio del ICC en primer plano

8 Funkturm y Messegelände

A4/5 · Messedamm 22 · 10.00-20.00 lu; torre: 10.00-23.00 ma-do · messe-berlin.de

La Funkturm, una torre de telecomunicaciones de 150 metros de altura que recuerda a la Torre Eiffel de París, es uno de los símbolos de Berlín y resulta visible desde la distancia. Construida en 1924 siguiendo los planos de Heinrich Straumer, servía como emisora de radio y torre de control del tráfico. Hay un mirador a 125 metros de altura con magníficas vistas. El restaurante, a 55 metros del suelo, da a la parte más antigua del complejo, el centro de exposiciones y los pabellones.

Al este, se alza el Hall of Honour, diseñado por Richard Ermisch en 1936 en el estilo característico del nazismo. Del lado opuesto se alza el plateado ICC (Centro Internacional de Congresos), construido entre 1975 y 1979 por Ralf Schüler y Ursulina Schüler-Witte. Considerado en su día como uno de los mejores centros de conferencias del mundo, ha caído en desuso y podría ser demolido. Muy cerca se halla el CityCube, nuevo recinto ferial y sala de conferencias de Berlín. En los vastos terrenos del Expo-Center adyacente se celebran la Grüne Woche (Semana Verde, agrícola); la Internationale Tourismus Börse (ITB, turismo) y la Internationale Funkausstellung (IFA, electrónica de consumo).

LA HISTORIA DE CHARLOTTENBURG

El majestuoso Charlottenburger Rathaus (ayuntamiento) evoca el pasado independiente de este barrio de 200.000 habitantes. Llamado así por el famoso palacio, surgió en 1705 a partir del asentamiento medieval de Lietzow. A finales del siglo XIX, Charlottenburg –entonces la ciudad más próspera de Prusia– creció rápidamente con la construcción de la colonia Westend y la avenida Kurfürstendamm. Con sus numerosos teatros, la Ópera y la Universidad Politécnica, el barrio se expandió hasta unirse con el extremo occidental de Berlín durante la década de 1920.

---

9 Museum für Fotografie

C4 · Jebensstr. 2 · 10.00-18.00 ma-do (hasta 20.00 ju) · smb.museum

Helmut Newton (1931-2004), el famoso fotógrafo, ha regresado por fin a su

Charlottenburg y Spandau 127

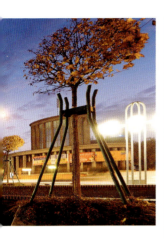

UN PASEO POR SPANDAU Y WESTEND

Mañana
Comienza el día con un viaje en U-Bahn: toma el U2 en dirección Ruhleben desde alguna estación del centro hasta Bismarckstrasse y, una vez allí, cambia a la U7 en dirección Rathaus Spandau. Diez minutos más tarde se llega al **centro histórico de Spandau** (p. 124), donde visitar Breite Strasse y Nikolaikirche. Antes de regresar a Charlottenburg, procura visitar la **Zitadelle Spandau**. Regresa en el U-Bahn, pero bájate en la estación de Wilmersdorfer Strasse, ideal para comprar gangas. No dejes pasar la ocasión de tomar pescado y una copa de Riesling en **Rogacki** (p. 129).

ciudad natal. Este museo presenta exposiciones temporales que muestran los primeros trabajos del fotógrafo con desnudos y el mundo de la moda, así como fotografías de ricos y famosos hechas desde 1947.

10 Kaiser-Wilhelm-Gedächtnis-Kirche
D4

Esta iglesia neorománica conocida como El diente hueco, por el estado en que quedó tras los bombardeos, es un referente de Berlín Occidental y un monumento antibélico. La torre de la parte oeste original fue lo único que quedó en pie en Breitscheidplatz tras los bombardeos de 1943. Desde entonces, se han hecho grandes esfuerzos para preservar esta gran ruina (p. 40).

Tarde
Desde Wilmersdorfer Strasse, un paseo de 30 minutos por Neue Kantstrasse lleva hasta **Funkturm y Messegelände.** Tómate un café en el **Funkturm-Restaurant** y disfruta de las vistas desde el mirador. Resulta interesante visitar la Haus des Rundfunks (casa de radiodifusión) que está cerca y el **Georg-Kolbe-Museum** (p. 128), a 25 minutos caminando. Luego, toma el S-Bahn hasta el **Olympiastadion** (p. 128). Al anochecer, regresa a Savignyplatz en el S75. Termina el día en uno de los restaurantes asiáticos de Kantstrasse.

Un mosaico de la Kaiser-Wilhelm-Gedächtnis-Kirche

Y además...

1. Georg-Kolbe-Museum
📍 Sensburger Allee 25 🕐 10.00-18.00 diario 🌐 georg-kolbe-museum.de
Casa taller de Georg Kolbe (1877-1947), donde se exponen sus esculturas.

2. Le-Corbusier-Haus
📍 Flatowallee 16
Innovador bloque construido para la feria del comercio de Interbau (1957). El arquitecto Le Corbusier vivió aquí.

3. Jüdisches Gemeindehaus
📍 C4 📍 Fasanenstr. 79-80
🌐 jg-berlin.org
Casa de la Comunidad Judía, construida en el mismo sitio de la sinagoga de Charlottenburg. Quedó dañada en 1938 durante la Kristallnacht (Noche de los Cristales Rotos) y casi destruida en la Segunda Guerra Mundial. Solo se conserva el pórtico.

4. Theater des Westens
📍 C4 📍 Kantstr. 12 🌐 stage-entertainment.de
Situado en un edificio de 1895-1896. Uno de los mejores y más pintorescos teatros musicales de Alemania *(p. 72)*.

5. Technische Universität
📍 C4 📍 Str. des 17. Juni
🌐 tu.berlin/en
La Universidad Politécnica de Berlín se fundó en 1879 y se convirtió en foco intelectual y hogar de algunas de las mentes más brillantes del mundo.

6. Olympiastadion
📍 Olympischer Platz 🕐 El horario varía, comprobar la página web
🌐 olympiastadion.berlin/de/start
Levantado para los Juegos Olímpicos de 1936, es un ejemplo de la arquitectura predilecta de los nazis.

7. Deutsche Oper
📍 B4 📍 Bismarchstr. 34-37
🌐 deutscheoperberlin.de
Una de las instituciones culturales más relevantes del país, especializada en clásicos alemanes e italianos *(p. 72)*.

8. Denkmal Benno Ohnesorg
📍 B4 📍 Bismarchstr.
La escultura de Alfred Hrdlicka de 1971 está dedicada al estudiante Benno Ohnesorg, asesinado de un disparo en una manifestación en abril de 1967.

9. Universität der Künste
📍 C4 📍 Hardenbergstr. 32-33
🌐 udk.de
La Escuela de Bellas Artes es una de las mejores universidades alemanas en su terreno.

10. Renaissance Theater
📍 C4 📍 Knesebechstr. 100
🌐 renaissance-theater.de
Esta joya del *art déco* ha sido un teatro privado desde la década de 1920. Representa obras internacionales y contemporáneas.

La fuente de los bailarines en los jardines del Georg-Kolbe-Museum

Un gran surtido de delicias dulces y saladas en Lindner

Compras

1. Stilwerk KantGaragen
📍 C4 📌 Kantstr. 127
🕐 10.00-19.00 lu-sá
Centro comercial especializado en muebles de diseño *(p. 83)*.

2. Manufactum Store
📍 C4 📌 Hardenbergstr. 4-5
🕐 10.00-20.00 lu-sá (hasta 18.00) sá
🌐 manufactum.com
Una tienda única, con una selección de tejidos clásicos, muebles, herramientas de jardinería, lámparas y material de oficina.

3. Peek & Cloppenburg
📍 D5 📌 Tauentzienstr. 19
🕐 10.00-20.00 lu-sá
🌐 peek-cloppenburg.de
Cinco pisos de ropa de señora, caballero y niños; uno de los grandes almacenes más populares de Berlín.

4. Suarezstrasse
📍 B4 🌐 suarezstrasse.com
En esta calle, situada al oeste de Charlottenburg, hay unas 30 tiendas de antigüedades en las que pueden encontrarse, entre otras cosas, muebles, telas u objetos de arte.

5. TITUS Berlin Zoopreme
📍 C5 📌 Meinekestr. 2 🕐 10.00-20.00 lu-sá 🌐 titus.de
Lo último en marcas, accesorios deportivos y zapatos.

6. Veronica Pohle
📍 C5 📌 Kurfürstendamm 64
🕐 11.00-18.00 lu-sá
🌐 veronicapohle.com
Esta tienda multimarca se especializa en trajes de noche y ropa de fiesta.

7. Bücherbogen
📍 C4 📌 Stadtbahnbogen 593
🕐 11.00-19.00 lu-sá
🌐 buecherbogen.com
Principal vendedor berlinés de libros de arte y fotografía, se encuentra bajo los arcos del S-Bahn en Savignyplatz.

8. Patrick Hellmann
📍 C4 📌 Bleibtreustr. 36 🕐 10.00-19.00 lu-sá 🌐 patrichhellmann.com
Moda para hombres realizada con materiales de primera calidad. Marcas de los mejores diseñadores, incluido el propio Hellmann.

9. Rogacki
📍 B4 📌 Wilmersdorfer Str. 145/146
🕐 10.00-18.00 ma-ju, 9.00-18.00 vie, 8.00-14.00 sá 🌐 rogachi.de
Creado en 1935, es famoso por sus delicias de marisco.

10. Lindner
📍 C4 📌 Knesebechstr. 92
🕐 8.00-18.00 lu-vi, 8.00-13.30 sá
🌐 lindner-esskultur.de/lindner
Tienda tradicional especializada en productos *delicatessen* frescos.

Amplia selección de granos de café en el Berliner Kaffeerösterei

Cafés y cafeterías

1. Berliner Kaffeerösterei
C6 Uhlandstrasse 173 9.00-20.00 lu-sá, 10.00-19.00 do berliner-kaffeeroesterei.de
Cafés de diversas partes del mundo, así como tartas y refrigerios.

2. Café Wintergarten im Literaturhaus
C5 Fasanenstr. 23 9.00-24.00 diario cafe-im-literaturhaus.de
Situado en el invernadero de una antigua mansión, este bonito café saca en verano mesas al jardín.

3. Manufactum Brot und Butter
C5 Hardenbergstrasse 4-5 8.00-19.00 lu-vi, 8.00-18.00 sá manufactum.de
Café y panadería en la planta baja de los almacenes Manufactum.

4. Café Maitre Münch
B5 Giesebrechtstr. 16 11.00-18.00 ma-sá (desde 10.00 sá) cafe-maitre-muench.de
Carta con postres caseros como tartas y macarrones, y pequeños pero suculentos platos principales en un acogedor local.

5. Café Hardenberg
C5 Hardenbergstr. 10 9.00-1.00 diario cafe-hardenberg.de
Café con un ambiente estupendo y precios razonables, favorito de estudiantes y artistas desde la década de 1850.

6. Balzac Coffee
C4 Knesebechstrasse 1-2 7.00-20.00 lu-vi, 8.00-20.00 sá y 8.00-19.00 do
Cadena de café alemana, con especialidades en bebidas y aperitivos.

7. Der Kuchenladen
B4 Kantstr. 138 10.00-18.30 diario derkuchenladen.de
Minúsculo café con exquisitas tartas de limón y otras delicias caseras.

8. Café Kleine Orangerie
B3 Spandauer Damm 20 (030) 322 20 21 10.00-18.00 ma-do
Un café pequeño y agradable con terraza en Schloss Charlottenburg. Sirve cafés y ligeros tentempiés.

9. Einstein Café Savignyplatz
C4 Stadtbahnbogen 596 7.00-20.00 lu-vi, 8.00-20.00 sá, 9.00-20.00 do einstein-kaffee.de
Esta sucursal de la cadena de cafés berlinesa está situada bajo los arcos de la estación de S-Bahn en Savignyplatz.

10. Schwarzes Café
B4 Kantstr. 148 24 horas schwarzescafe-berlin.de
Café de estilo rock alternativo que ofrece excelentes desayunos.

Dónde comer

1. Francucci
C5 Kurfürstendamm 90
12.00-23.00 lu-sá, 16.00-22.00 do
francucci.com · €€

Popular restaurante toscano, elabora pizzas magníficas, pasta casera y platos creativos de carne y pescado.

2. Lamazère Brasserie
B4 Stuttgarter Platz 18 18.00-23.00 ma-do lamazere.de · €€

Encantador restaurante cuyo interior tiene forma de túnel. Sirve auténtica cocina francesa. Hay que reservar.

3. Eiffel
C5 Kurfürstendamm 105
9.00-24.00 diario eiffel-restaurant.de · €€

Espacioso restaurante francés con encanto, algunos platos típicos de Berlín y también mediterráneos en mesas al exterior.

4. Die Nußbaumerin
C4 Leibnizstr. 55 17.00-23.30 lu-vi nussbaumerin.de · €€

La chef con estrella Michelin Johanna Nussbaum ofrece en su carta *Tafelspitz* (ternera cocida en caldo) y *Kaiserschmarrn* (revuelto de tortitas).

5. Kuchi
B4 Kanstr. 30 12.00-23.00 diario huchi.de · €€

Restaurante minimalista con una clientela leal y un *sushi* excelente.

6. Lon Men's Noodle House
B4 Kanstr. 33 12.00-22.00 mi-lu lon-mens-noodle-house.business.site · €€

Restaurante taiwanés que sirve los mejores *noodles*. Merece la pena la espera.

7. Lubitsch
C4 Bleibtreustr. 47 10.00-24.00 lu-sá, 18.00-24.00 do
restaurant-lubitsch.dem · €€

> **PRECIOS**
> Una comida de tres platos, con media botella de vino (o equivalente), servicios e impuestos incluidos.
>
> € menos de 30 € €€ 30-60 € €€€ más de 60 €

Restaurante pequeño y elegante que sirve cocina fresca regional.

8. Mine Restaurant
C5 Meinekestr. 10
18.00-24.00 ma-sá
minerestaurant.de · €€

Cocina italiana contemporánea acompañada de una estupenda carta de vinos y deliciosos postres.

9. Marjellchen
B5 Mommsenstr. 9 17.00-24.00 diario restaurant-marjellchen-berlin.de · €€

Este encantador restaurante sirve platos de Prusia oriental, Pomerania y Silesia.

10. Bruderherz
B4 Leonhardtstr. 6
12.00-24.00 ma-sá
bruderherz-restaurant.de · €

Restaurante de ambiente relajado regentado por dos hermanos polacos. Excelente comida italiana.

La terraza del elegante Lubitsch

KREUZBERG, SCHÖNEBERG Y NEUKÖLLN

Antes de la caída del Muro, Kreuzberg era un hervidero de ocupas, *hippies* y anarquistas. Pese a su aburguesamiento, sigue siendo la zona más colorida de la ciudad. En sus bloques de casas reformadas conviven en armonía profesionales, artistas y estudiantes. El vecino barrio de Neukölln es la zona más moderna de Berlín, con galerías de arte, locales *grunge* y clubs de moda, en especial en Weserstrasse. Schöneberg no es tan atrevido como el Kreuzberg, pero es bastante abierto. Winterfeldplatz está llena de agradables *pubs* y Nolendorfplatz es el eje del ambiente LGTBIQ+ de Berlín.

- ❶ Imprescindible p. 133
- ① Dónde comer p. 139
- ① Y además… p. 136
- ① *Pubs*, bares y discotecas p. 138
- ① Compras p. 137

Para saber dónde alojarse en esta zona, ver p. 176

Muestra sobre el transporte marítimo y la navegación en el Deutsches Technikmuseum

1 Deutsches Technikmuseum
📍 F5 📌 Trebbiner Str. 9
🕐 9.00-17.30 ma-vi, 10.00-18.00 sá y do 🌐 sdtb.de

Este museo (p. 54), situado en una antigua estación de mercancías, recorre la historia de la tecnología y los oficios. Los visitantes pueden admirar los avances en la aviación y 40 modelos de avión, incluidos un Junkers Ju 52 y un bombardero usados durante el ataque aéreo a Berlín. También hay barcos antiguos y locomotoras de vapor que recuerdan los días de la Revolución Industrial. No deje de visitar el Science Center Spectrum donde podrá realizar uno de los 150 experimentos propuestos. Entrada gratuita para los niños a partir de las 15.00.

2 Jüdisches Museum Berlin

Las exposiciones y arquitectura única del Museo Judío de Berlín (p. 55) pretenden ilustrar las repercusiones del Holocausto. Hay galerías estrechas e inclinadas, con perforaciones que representan el vacío que dejó tras de sí la destrucción de la vida judía. En estas salas se documenta cerca de un milenio de historia cultural judío-alemana; una exposición especial recuerda la vida cotidiana judía en el Berlín de finales del siglo XIX. Los visitantes pueden escuchar el sonido de un *shofar*, y música judía antigua y moderna en la sala de Música. Tras una profunda renovación, la exposición permanente se inauguró en 2020.

3 Haus am Checkpoint Charlie
📍 G4 📌 Friedrichstr. 43-45 🕐 9.00-22.00 diario 🌐 mauermuseum.de

Creado poco después de la construcción del Muro, relata su historia y la de los medios usados por la gente para escapar a Berlín Occidental, desde un globo aerostático a un coche con doble fondo. Alberga una réplica de una cabina fronteriza (p. 54).

> **EL BERLÍN TURCO**
>
> En los años 60, miles de *gastarbeiter* (trabajadores invitados) turcos llegaron a Berlín para cubrir la demanda de mano de obra. Hoy, su número asciende a 240.000 y muchos poseen negocios. Parte de sus descendientes sufren estancamiento social y la gentrificación del Kreuzberg y Neukölln obliga a muchos de ellos a mudarse a las afueras.

4 Berlin Story Bunker
F5 Schöneberger Str. 23A 10.00-19.00 diario berlinstory.de

Este antiguo bunker antiaéreo junto a las ruinas de Anhalter Bahnhof acoge dos exposiciones. *Hitler: ¿Cómo pudo suceder?* recorre el ascenso al poder de Hitler e incluye una maqueta del Führerbunker.

5 Anhalter Bahnhof
F5 Askanischer Platz 6-7

La gigantesca estructura fue erigida en 1880 por Franz Schwechten para impresionar a los mandatarios extranjeros de visita oficial por el imperio. En 1943 la estación resultó dañada por los bombardeos y en 1960 fue demolida. Estaba previsto convertir los terrenos ubicados tras la gran fachada en un parque. En la actualidad se encuentra aquí el Tempodrom, donde se organizan conciertos y espectáculos de cabaré.

6 Topographie des Terrors
F4 Niederkirchnerstr. 8 10.00-18.00 diario (may-sep: hasta 20.00) topographie.de

Desde 1943, tres altas instituciones nazis tenían su cuartel general en este lugar: la Oficina de la Policía Secreta del Estado, la dirección de las SS y la oficina principal de Seguridad del Reich. Después de la Segunda Guerra Mundial los edificios fueron arrasados. Un centro de documentación diseñado por la arquitecta berlinesa Ursula Wilms que se inauguró en 2010 proporciona información sobre el estado policial durante el Tercer Reich, mostrando así la magnitud del terror nazi en toda Europa.

7 Viktoriapark
F6 Kreuzbergstr.

Parque (*p. 66*) creado entre 1888 y 1894 para el esparcimiento de los trabajadores de Kreuzberg, siguiendo los planos de Hermann Mächtig. Hay una cascada artificial y un monumento neogótico (66 m de altura) que conmemora la victoria de Prusia en las guerras de liberación contra Napoleón, obra de Schinkel.

Vestigios de la Anhalter Bahnhof, la que fuera la Puerta del Sur de Alemania

Kreuzberg, Schöneberg y Neukölln   **135**

Figuras alegóricas decoran los mosaicos del Martin-Gropius-Bau

8 Martin-Gropius-Bau
El antiguo museo de artes y oficios (p. 56), bellamente decorado, acoge a menudo exposiciones arqueológicas y contemporáneas.

9 Riehmers Hofgarten
 F6   Yorchstr. 83-86

Conjunto residencial formado por más de 20 edificios. Fue cuartel de oficiales tras la fundación del Imperio alemán en 1871. Fue restaurado en la década de 1970 e incluye un hotel con un elegante restaurante.

10 Nollendorfplatz
 E5

Nollendorfplatz y la vecina Winterfeldplatz se encuentran justo en el centro de Schöneberg. La primera ha sido un lugar de reunión tradicional de la comunidad LGTBIQ+ de Berlín; una placa colocada en la estación U-Bahn de Nollendorfplatz recuerda a los 5.000 homosexuales asesinados por los nazis en los campos de concentración. Hoy, la vida social LGTBIQ+ se ha desplazado a las calles de los alrededores. El Metropol-Theater, hoy una discoteca, estaba bajo el timón de Erwin Piscator y al lado vivía el escritor Christopher Isherwood, en cuya novela se basó la película *Cabaret*.

UN DÍA EN KREUZBERG

Mañana
Empieza tomando el S-Bahn para llegar a **Anhalter Bahnhof**. Desde aquí, continúa por Stresemannstrasse hasta el **Martin-Gropius-Bau**. Recorre sus exposiciones y haz un descanso en el café del museo. Una incursión en la cercana **Topographie des Terrors** sirve para colocarte frente al periodo más oscuro de la historia alemana. Después, sigue por Niederkirchnerstrasse, dejando atrás la sección que aún se conserva del Muro de Berlín. Cruza Wilhelmstrasse y detente en **Haus am Checkpoint Charlie** (p. 133), en la antigua frontera este-oeste en Friedrichstrasse. Puedes almorzar en **Sale e Tabacchi** (p. 139), en Rudi-Dutschke-Strasse.

Tarde
Baja por Lindenstrasse y visita el **Jüdisches Museum Berlin** (p. 50) y la **Berlinische Galerie** (p. 57). Toma el U-Bahn U6 en la estación de Hallesches Tor hasta Platz der Luftbrücke. El cercano **Viktoriapark** es un buen lugar para descansar o pasear hasta Bergmannstrasse para tomar un café. Al final de esta calle, dirígete al norte por Baerwaldstrasse y después por Carl-Herz-Ufer, donde cenar en **Rutz Zollhaus** (p. 139), junto al Landwehrkanal. Continúa por Planufer y el Kottbusser Brücke para explorar los pubs entre Kottbusser Tor y Oranienstrasse en el Kreuzberg.

Y además...

En bicicleta junto al Oberbaumbrücke, que cruza el Spree

1. Rathaus Schöneberg
🚇 D6 📍 John-F-Kennedy-Platz
Desde este ayuntamiento el presidente Kennedy pronunció su famoso discurso en 1963: "Yo también soy berlinés", expresando su compromiso con la libertad de Berlín Occidental.

2. Asisi's Wall Panorama
🚇 G4 📍 Friedrichstr. 205
🕐 10.00-19.00 diario
🌐 die-mauer.de
Reproducción a tamaño real del Muro de Berlín, tal y como estaba en la década de 1980, con instalaciones de luz y sonido.

3. Tempelhofer Feld
🚇 G6 📍 Tempelhofer Damm 1
🌐 thf-berlin.de
Tempelhof Feld (p. 84) se convirtió en parque público cuando cerró el aeropuerto en 2008. Hay visitas guiadas a la antigua terminal.

4. Mariannenplatz
🚇 H5
Esta plaza casi parque, llena de viejos árboles, está dominada por un gran edificio gótico. El antiguo hospital y escuela de enfermería Bethanien es ahora un edificio protegido y se usa para iniciativas sociales y culturales.

5. Oberbaumbrücke
📍 Warschauer/Shalitzer Str.
Peatones y ciclistas a menudo cruzan el río Spree desde Kreuzberg hasta Friedrichschain por este puente de ladrillo rojo, uno de los más bellos de Berlín, levantado entre 1894 y 1896. El puente ofrece vistas de la torre de televisión y del *Hombre molécula*.

6. Mosse-Haus
🚇 L5 📍 Schützenstrasse 25
Esta casa Jugendstil en el antiguo barrio de los periodistas fue la sede de una de las principales editoriales de Berlín.

7. Friedhöfe Hallesches Tor
🚇 G5 📍 Mehringdamm
Numerosas celebridades están enterradas en este cementerio, entre ellas el compositor Felix Mendelssohn y el escritor E. T. A. Hoffmann, cuya obra inspiró a Offenbach para componer su ópera *Los cuentos de Hoffmann*.

8. Gasometer Schöneberg
🚇 E6 📍 Torgauer Str. 12-15
Este antiguo gasómetro, declarado fuera de servicio en 1990, se ha convertido en un mirador.

9. Kottbusser Tor
🚇 H5
Esta plaza de Kreuzberg se oculta entre edificios prefabricados en la década de 1970, en el corazón del barrio turco.

10. Kammergericht
🚇 E6 📍 Potsdamer Str. 186
Desde 1947 a 1990, este magnífico edificio de la Corte Suprema, construido entre 1909 y 1913, fue el cuartel general de los Aliados.

Compras

1. Winterfeldtmarkt
📍 E5 📍 Winterfeldtplatz
🕐 8.00-16.00 mi y sá
(hasta 13.00 mi)
En el mercado más grande de Berlín (*p. 83*), situado en Schöneberg, se puede comprar desde frutas y verduras a ropa para la casa, flores y algunos manjares.

2. Türkenmarkt am Maybachufer
📍 H5 📍 Maybachufer
🕐 11.00-18.30 ma y vi
Este animado y, en ocasiones, caótico mercado (*p. 83*), es el lugar para comprar pan ácimo, fruta, verdura y queso de cabra.

3. Wesen
📍 Tellstrasse 7 🕐 11.00-19.00 diario
🌐 format-favourites.de
Joyas, bolsos o zapatos producidos localmente de forma ética por marcas de moda de comercio justo.

4. Oranienplatz y Oranienstrasse
📍 H5 📍 Oranienstr./esquina a Oranienplatz
La calle y la plaza principales de Kreuzberg están especializadas en comercios alternativos.

5. Winterfeldt Schokoladen
📍 E6 📍 Goltzstr. 23
🕐 10.00-18.00 lu-sá, 12.00-18.00 do
🌐 winterfeldt-schoholaden.de
Preciosa tienda y cafetería con amplia variedad de chocolates.

6. Depot 2
📍 H5 📍 Oranienstr. 9
🌐 depot2.de
Pequeña *boutique* con ropa moderna, zapatillas y moda hip-hop de marcas locales.

7. Hard Wax
📍 H5 📍 Köpenicker Str. 70 Kraftwerk Berlin 🕐 12.00-20.00 lu-sá
Esta famosa tienda de discos cuenta con una cuidada selección de música, desde *dub-step* a tecno, reggae y disco.

8. Ararat
📍 G6 📍 Bergmannstr. 99A
🌐 ararat-berlin.de
Una de las papelerías y tiendas de regalos mejor provistas y más modernas de Berlín, donde también se venden objetos de diseño.

9. Marheineke-Markthalle
📍 G6 📍 Marheineheplatz
🕐 8.00-20.00 lu-vi, 8.00-18.00 sá
Es uno de los pocos mercados cubiertos que quedan en la ciudad. Cuenta con coloridos puestos de frutas y verduras y una amplia gama de productos orgánicos y bares para picar.

10. Overkill
📍 H4 📍 Köpenicher Strasse 195A
🕐 11.00-20.00 lu-sá
🌐 overkillshop.com
Esta estupenda tienda es un paraíso para los amantes del calzado deportivo, con más de 500 modelos.

Overkill dispone de un gran surtido de zapatillas

Pubs, bares y discotecas

Ankerklause y su bien surtida barra en Kottbusser Damm

1. Ankerklause
🚇 H5 📍 Kottbusser Damm 104
🌐 ankerklause.de
Bar y café informal y popular en Landwehrkanal. Abre hasta tarde.

2. E & M Leydicke
🚇 E6 📍 Mansteinstr. 4 🕐 19.00-1.00 diario 🌐 leydiche.com
Este popular bar *(p. 78)* de gestión familiar organiza increíbles fiestas.

3. Max und Moritz
🚇 H5 📍 Oranienstr. 162 🕐 17.00-23.00 mi-lu 🌐 maxundmoritzberlin.de
Pub con 120 años de antigüedad con platos como *königsberger klopse* (albóndigas asadas con salsa de alcaparras) y cervezas locales singulares.

4. Van Loon
🚇 G5 📍 Carl-Herz-Ufer 5-7
🕐 10.00-23.00 diario 🌐 vanloon.de
Saboree un aperitivo rodeado de objetos náuticos en esta antigua barcaza en Urbanhafen.

5. SilverWings Club
🚇 F6 📍 Columbiadamm 10
🕐 22.00-5.00 sá 🌐 silverwings.de
Creada en 1952, es una de las discotecas más antiguas de Berlín. Organiza fiestas y actos en torno a la música rock y soul *(p. 76)*.

6. Rauschgold
🚇 F6 📍 Mehringdamm 62
🌐 rauschgold.berlin
Bar muy frecuentado, ideal para ir tarde, aunque muy concurrido los fines de semana. Con karaoke y noches temáticas entre clientela variada.

7. Green Door
🚇 E5 📍 Winterfeldstr. 50
🕐 19.00-1.30 lu-ju, 19.00-2.00 vi-sá
🌐 greendoor.de
Extensa carta de bebidas en este local *(p. 78)* con *hora feliz* entre las 18.00 y las 20.00.

8. SO36
🚇 H5 📍 Oranienstr. 190 🌐 so36.com
Discoteca de lo más alternativa y bulliciosa. Ofrece conciertos, espectáculos y fiestas.

9. Würgeengel
🚇 H5 📍 Dresdener Str. 122
🌐 wuergeengel.de
Aunque las bebidas en el "Ángel exterminador" no son letales, el personal y la clientela parecen directamente salidos de una película de Buñuel.

10. Klunkerkranich
📍 Karl-Marx-Str. 66
🌐 klunkerkranich.org
Este bar en una azotea ofrece vistas de la ciudad y del atardecer. Hay que tomar el ascensor hasta lo alto del Neukölln Arcaden, y luego atravesar a pie el aparcamiento.

Espectaculares vistas desde la azotea del Klunkerkranich

Kreuzberg, Schöneberg y Neukölln **139**

Dónde comer

> **PRECIOS**
> Una comida de tres platos, con media botella de vino (o equivalente), servicios e impuestos incluidos.
>
> € menos de 30 € €€ 30-60 € €€€ más de 60 €

1. Defne
H5 Planufer. 92c 16.00-24.00 diario (invierno: desde 17.00) restaurant-defne.business.site · €

Ambiente íntimo en un restaurante que sirve comida turca moderna. No se acepta el pago con tarjeta.

2. Entrecôte
G4 Schützenstr. 5 11.30-24.00 lu-vi, 18.00-24.00 sá, 17.30-24.00 do entrecote.de · €€

Platos sencillos pero sabrosos en una *brasserie* situada cerca de Checkpoint Charlie (*p. 133*).

3. Rutz Zollhaus
G5 Carl-Herz-Ufer 30 Desde 16.00 mi-sá, desde 13.00 do rutz-zollhaus.de · €€

En un antiguo puesto de control fronterizo a orillas del Landwehrkanal. Cocina internacional y alemana; no se pierda el *Brandenburger Landente aus dem Rohr* (pato asado).

4. Zola
H5 Paul-Linche-Ufer 39 12.00-22.00 diario · €

Restaurante con terraza en el muelle de Landwehrkanal; suele estar muy concurrido por su excelente pizza napolitana.

5. Lavanderia Vecchia
H6 Flughafenstr. 46 12.00-14.30 y 19.30-23.00 ma-vi, 19.30-23.00 sá lavanderiavecchia.wordpress.com · €€

Este restaurante italiano situado en una vieja lavandería destaca por sus tapas romanas.

El sofisticado interior del restaurante Tim Raue

6. Restaurant Tim Raue
G4 Rudi-Dutschke-Str. 26 12.00-14.00 y 19.00-24.00 ma-sá tim-raue.com · €€€

Este dos estrellas Michelin explora originales combinaciones, como la perdiz confitada con castañas japonesas. Imprescindible reservar.

7. Long March Canteen
H5 Wrangelstr. 20 18.00-23.00 diario longmarchcanteen.com · €€

Mesas comunales y una iluminación tenue, como una cocina callejera china.

8. Horváth
H5 Paul-Linche-Ufer 44a 18.30-22.30 mi-do restaurant-horvath.de · €€€

Cocina austríaca con una elegante presentación. Galardonado con dos estrellas Michelin.

9. Frühstück 3000
E5 Bülowstr. 101 9.00-16.00 lu-do fruehstuech3000.com · €€

Excelente *brunch* con tortillas saladas y huevos benedictinos con caviar. Reservar con antelación.

10. Sale e Tabacchi
G4 Rudi-Dutschhe-Str. 23 16.00-23.00 diario sale-e-tabacchi.de · €€

Elegante restaurante italiano en el que en verano se puede cenar en el patio.

PRENZLAUER BERG

Incluso cuando la ciudad estaba dividida, artistas y gente alternativa ya eligieron este antiguo barrio de trabajadores en Berlín Oriental. Hoy sigue ejerciendo una atracción similar, aunque jóvenes profesionales y familias están transformando Prenzlauer Berg. Varios cafés y restaurantes han aparecido en torno a Kollwitzplatz y Husemannstrasse, dando a estas calles un toque parisino, mientras que Kastanienallee, conocida como "el pasaje de la moda" es donde los berlineses más elegantes van a ver y ser vistos.

- ❶ Imprescindible p. 141
- ① Dónde comer p. 145
- ① Y además... p. 144

Para saber dónde alojarse en esta zona, ver p. 177

El inmenso complejo neogótico de Kulturbrauerei, diseñado por Franz Schwechten

1 Kulturbrauerei
H1 **Schönhauser Allee 36-39** (entrada: Knaachstr. 97) **kulturbrauerei.de/en**

Complejo de edificios que albergó en el pasado la fábrica de cerveza Schulteiss, superviviente de la actividad que hizo famoso a Prenzlauer Berg. Estos edificios de ladrillos rojos y amarillos, algunos con más de 150 años de antigüedad y numerosos patios, fueron completamente restaurados entre 1997 y 1999. Hoy es un lugar animado y concurrido, que alberga en su interior restaurantes, cafés, tiendas, cines y un teatro.

2 Kollwitzplatz
H2 **Prenzlauer Berg**

Hoy, la bulliciosa Kollwitzplatz es el centro neurálgico de Prenzlauer Berg. Los berlineses se reúnen en los cafés, tabernas y restaurantes que pueblan esta verde plaza. Observando las fachadas bellamente restauradas de los edificios, cuesta imaginar que fue uno de los barrios más pobres de la ciudad. La artista Käthe Kollwitz *(p. 64)* vivió en el número 25 (ya destruido) y dedicó esculturas, dibujos y apuntes a denunciar las condiciones de vida de los trabajadores de este barrio.

3 Prater
H1 **Kastanienallee 7-9** **18.00-23.00 lu-sá, 12.00-24.00 do**

Prater es el superviviente de un estilo de entretenimiento que fue común en las grandes ciudades alemanas. Construido en 1837, fuera de las antiguas puertas de la ciudad, los berlineses lo llamaron con humor Prater, por su homólogo de Viena. En 1857 se añadió una sala de conciertos y, en el siglo XX, su popularidad hizo que el sobrenombre permaneciera para siempre. Hoy, se puede disfrutar con la cerveza y la comida que sirve el restaurante del mismo nombre *(p. 144)*.

4 Schönhauser Allee
H1 **Prenzlauer Berg**

Schönhauser Allee, 3 km de tiendas y bares, es la arteria principal del distrito. En el centro de la vía se halla el paso elevado de la línea U2 del U-Bahn. Un par de edificios mantienen su aspecto anterior a 1989 y permiten hacerse una idea del viejo Prenzlauer Berg, en especial entre Senefelderplatz y Danziger Strasse.

Pasajeros en el andén de la estación de U-Bahn Schönhauser Allee

¿PRENZLBERG O PRENZLAUER BERG?

Muchos berlineses y alemanes occidentales dicen simplemente Prenzlberg para referirse a este barrio. Pero su verdadero nombre siempre ha sido Prenzlauer Berg. El otro es un apelativo acuñado en los últimos tiempos para designar una zona que se ha convertido, de la noche a la mañana, tras la caída del Muro, en el barrio de moda de Berlín.

5 Wasserturm
H2 Knaachstr.

Esta torre de 30 m de altura es el símbolo no oficial del barrio. Fue construida como depósito de agua en 1877 y cerrada en 1914. Las SA utilizaron la sala de máquinas de la torre como prisión oficiosa. La torre del agua está en Windmühlenberg. Este edificio de ladrillos redondo se ha transformado en un bloque de modernos apartamentos.

6 Cementerio judío
H2 Schönhauser Allee 23–25 8.00-16.00 lu-ju, 7.30-13.00 vi jg-berlin.org

Este pequeño cementerio judío data de 1827, cuando se cerró el antiguo cementerio de Grosse Hamburger Strasse. Dos célebres personalidades reposan aquí, el grabador Max Liebermann (1847-1935) y el compositor Giacomo Meyerbeer (1791-1864).

7 Zionskirche
G2 Zionskirchplatz 20.00-22.00 lu. 13.00-19.00 ma-sá, 12.00 17.00 do

Zionskirche, construida entre 1866 y 1873, y la plaza del mismo nombre forman un remanso de tranquilidad en medio del ruidoso Prenzlauer Berg. Esta iglesia protestante ha sido, además, un importante centro político. Durante el Tercer Reich los grupos de resistencia al régimen nazi la emplearon como lugar de reunión, y bajo el Gobierno de Berlín Oriental fue un centro de documentación conocido como "biblioteca del medio ambiente". La Iglesia y diversos grupos de oposición desempeñaron un papel decisivo en la transformación política de Alemania Oriental entre 1989 y 1990, que culminaría en la reunificación de Alemania.

8 Gethsemanekirche
H1 Stargarder Str. 77 May-oct: 17.00-19.00 mi-ju (o con cita previa) ekpn.de

Junto a esta iglesia de ladrillo rojo (1891-93) solían organizarse manifestaciones pacíficas,

Prenzlauer Berg 143

El interior de la Gethsemanekirche, rediseñada en 1961

violentamente reprimidas por la policía de Alemania Oriental. Fue el punto de partida de la caída del régimen comunista.

9 Husemannstrasse
H1 Entre Wörther y Danziger Str.

El Gobierno de Alemania Oriental llevó a cabo una lograda restauración de esta idílica calle con motivo del 750 aniversario de Berlín. Este barrio se disfruta con un paseo por sus aceras arboladas, admirando las casas del Gründerzeit (periodo subsiguiente a la fundación del Imperio alemánen 1871). Los letreros y las farolas antiguos, el suelo empedrado, los anticuarios y tabernas de ambiente evocador transportan al visitante a finales del siglo XIX.

10 Synagoge Rykestrasse
H2 Ryhestr. 53
jg-berlin.org/en.html

Construida en 1904, esta espectacular sinagoga (p. 58) es uno de los pocos edificios judíos que sobrevivieron a la Kristallnacht del 9 de noviembre de 1938, la noche en que los nazis atacaron violentamente las propiedades judías. El interior del templo está construido con ladrillo rojo en forma de basílica neorrománica. Es la sinagoga más grande de Berlín. Todos los jueves se ofrecen visitas guiadas.

El frondoso cementerio judío

UN DÍA EN PRENZLAUER BERG

Mañana

Sal de la estación de U-Bahn de **Senefelderplatz** (p. 144). Desde aquí, visita los antiguos bloques de viviendas y sus patios y continúa en dirección oeste por Fehrbelliner Strasse hasta **Zionkirchplatz**, donde está la iglesia del mismo nombre. En la plaza hay muchos cafés, como el **Kapelle**, para descansar. Avanza por Zionskirchstrasse y gira a la izquierda por Kastanienallee, una de las calles más coloridas del barrio. Al final de la misma está **Prater** (p. 144). Luego gira a la derecha por Oderberger Strasse, una calle muy bien conservada. Continúa hacia el este a lo largo de Sredzkistrasse hasta llegar a **Husemannstrasse**. Callejea y explora las tiendas de la zona. Puedes almorzar en alguno de los restaurantes de **Kollwitzplatz** (p. 141): **Gugelhof** (p. 145) y **Zander** son recomendables, el primero por su cocina alemana y francesa, el otro por sus especialidades de pescado.

Tarde

Después de reponer fuerzas, camina por Knaackstrasse hasta **Synagoge Rykestrasse**. A corta distancia está la **Wasserturm**. Descansa en los jardines que la rodean y continúa por Belforter Strasse y Kollwitzstrasse hasta Schönhauser Allee. Cierra el día con un paseo por el tranquilo **cementerio judío**.

Y además...

La característica cúpula del Zeiss-Grossplanetarium

1. Greifenhagener Strasse
H1

Puede que no sea la calle más bonita del viejo Berlín, pero sí una de las mejor conservadas.

2. Pfefferberg
H2 Schönhauser Allee 176
schankhalle-pfefferberg.de

Centro cultural alternativo en una antigua fábrica de cerveza. Organiza conciertos, *performances* y festivales.

3. Senefelderplatz
H2

Plaza dedicada a Alois Senefelder, pionero de las técnicas de la pintura moderna. En el centro está el Café Achteck, ubicado en un histórico urinario público octogonal.

4. Zeiss-Grossplanetarium
Prenzlauer Allee 80 El horario varía, consultar página web
planetarium.berlin

Estrellas, planetas y galaxias bajo la cúpula de este planetario.

5. Mauerpark
G1 Am Falkplatz

Complejo deportivo que abarca el Max Schmeling Hall y el Jahn Sports Park, construido en el 2000 para la candidatura olímpica de Berlín. Acoge eventos deportivos, conciertos, karaoke y, los domingos, mercadillo.

Un puesto del conocido mercadillo dominical en Mauerpark

6. Helmholtzplatz
H1

Aparte de los cafés de moda y los bares, los edificios recuerdan a un programa de protección oficial.

7. Museum Pankow
H2 Prenzlauer Allee 227-228
10.00-18.00 ma-do
museumsportal-berlin.de

Este pequeño museo documenta la historia del barrio y de la pobreza de sus habitantes en el siglo XIX.

8. Konnopke's Imbiss
H1 En la salida sur del U-Bahn Schönhauser Allee
10.00-20.00 lu-vi, 12.00-20.00 sá
konnopke-imbiss.de

Este legendario *currywurstimbiss* se inauguró en 1930 bajo el paso elevado del U-Bahn. Sus salchichas están entre las mejores de la ciudad.

9. Oderberger Strasse
G1–H1

Calle repleta de cafés, *boutiques* y edificios históricos. La vieja piscina se renovó en 2015.

10. Thälmannpark
H1 Prenzlauer Allee

Uno de los pocos parques del noreste de la ciudad, con numerosos edificios de la era socialista y el gran monumento a Ernst Thälmann, un comunista asesinado por los nazis.

Dónde comer

> **PRECIOS**
> Una comida de tres platos, con media botella de vino (o equivalente), servicios e impuestos incluidos.
>
> € menos de 30 € €€ 30-60 € €€€ más de 60 €

1. Oderquelle
G1 Oderberger Str. 27
18.00-1.00 diario
oderquelle.de · €

Platos sencillos berlineses y alemanes en un local de barrio, pintoresco y de ambiente tranquilo.

2. Kanaan
Schliemannstrasse 15 18.00-22.00 ma-ju, 12.00-22.00 vi-do
kanaan-berlin.de · €

Oz Ben David, israelí, y Jalil Dabit, palestino, llevan este pequeño local vegetariano con comida de Oriente Medio Dicen servir el mejor *hummus* de la ciudad.

3. Lucky Leek
H2 Kollwitzstra. 54 18.00-22.00 mi-do luchy-leeh.com · €€

Comida vegana. No se puede comer a la carta los viernes y los sábados pero hay comidas de entre tres y cinco platos a elegir.

4. Prater
H1 Kastanienallee 7-9 18.00-24.00 lu-sá, 12.00-24.00 do
prater-biergarten.de · €€

Cervecería al aire libre (abr-sep), comedor rústico en el patio interior y conciertos gratuitos. No se aceptan tarjetas.

5. Sasaya
H1 Lychener Str. 50
12.00-15.00 y 18.00-23.30 ju-lu
sasaya-berlin.de · €€

Para algunos, el mejor *sushi* de la ciudad. Se necesita reservar. No se aceptan tarjetas.

Mesas de la terraza del popular Gugelhof

6. Gugelhof
H2 Knaachstr. 37
17.00-23.00 lu y mi-vi, 12.00-23.00 sá y do gugelhofberlin.de · €€

Este restaurante ofrece una original combinación de cocina alemana y francesa, y una vez contó con la presencia de Bill Clinton.

7. Osmans Töchter
H1 Pappelallee 15
17.30-1.00 diario
osmanstoechter.de · €€€

Este restaurante moderno de gestión familiar sirve cocina turca tradicional.

8. Pasternak
H2 Knaachstr. 22 9.00-1.00 diario restaurant-pasternah.de · €€

Restaurante con especialidades rusas, música en directo y vodka.

9. Schankhalle Pfefferberg
H2 Schönhauser Allee 176
16.00-23.00 ma-sá
schankhalle-pfefferberg.de · €€

Cerveza artesanal y aperitivos como *treberbrot* (pan hecho con la malta sobrante de elaborar cerveza).

10. Anjoy
Ryhestrasse 11 12.00-23.00 lu-sá, 10.00-23.00 do maothai.de · €€

Agradable restaurante con cocina tradicional vietnamita e interesante carta de tés.

SURESTE DE BERLÍN

El este y el sur de Berlín tienen supuestamente un carácter bien diferente. Friedrichshain, Lichtenberg y Hohenschönhausen, en el este, son zonas obreras muy urbanizadas, con sus bloques de pisos antiguos que evocan espantosos recuerdos de la Segunda Guerra Mundial e, incluso más, de los días sombríos del régimen alemán oriental. Green Treptow y el idílico Köpenick, en el sureste, parecen pueblos independientes y, junto al bonito Grosser Müggelsee, se han convertido en destinos turísticos de un día muy populares para berlineses y visitantes.

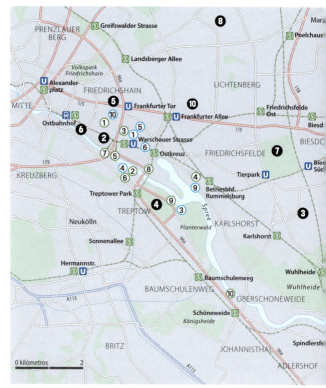

Para saber dónde alojarse en esta zona, ver p. 177

El coqueto Köpenick, con una hermosa ubcación a las orillas del Dahme

1 Köpenicker Altstadt y Köpenicker Schloss

Schloss: Schlossinsel ◨11.00-18.00 ju-do (invierno: hasta 17.00) ⓦsmb.museum ◪

En el siglo IX, ya había gente asentada en Schlossinsel, en la isla de Köpenick. Pueblo pesquero independiente hasta 1920, su escudo de armas aún representa dos peces. El Altstadt (casco antiguo) junto al río Dahme tiene cabañas de pescadores de los siglos XVIII-XIX. Köpenick se hizo famoso en 1906 cuando Wilhem Voigt, un vagabundo disfrazado de capitán, entró al frente de un grupo de soldados en el Rathaus (ayuntamiento) de Alt-Köpenick, arrestó al alcalde y confiscó las arcas municipales; su historia se rememora con la estatua del "capitán" *(p. 151)* que hay frente al ayuntamiento. Esta gran estructura de ladrillo (1904) es típica de la arquitectura neogótica de la provincia de Brandeburgo. El palacio barroco de Schlossinsel, al sur, fue construido entre 1677 y 1681 para el futuro rey Federico I por el arquitecto neerlandés Rutger van Langervelt. Hoy es el Kunstgewerbemuseum *(p. 54)*.

- ❶ Imprescindible *p. 147*
- ① Dónde omer *p. 151*
- ① Bares y discotecas *p. 150*

2 Mercedes-Benz Arena

Mühlenstr. 12-30/O2-Platz 1 ⓦmercedes-benz-berlin.de

La mayor zona de entretenimiento de la ciudad (17.000 personas), sede del equipo de baloncesto Alba Berlin. Alberga conciertos de música pop y todo tipo de acontecimientos.

3 Museum Berlin Karlshorst

Zwieseler Str. 4 ◨10.00-18.00 ma-do ⓦmuseum-karlshorst.de

La Segunda Guerra Mundial terminó aquí el 8 de mayo de 1945 con la firma de Alemania de la rendición incondicional. Documentos, uniformes y fotografías expuestos en el antiguo casino de oficiales recorren la historia de la guerra.

Treptower Park, un atractivo destino para los berlineses en los días soleados

4 Treptower Park
Alt-Treptow

Zona de recreo del siglo XIX (p. 67) para la comunidad obrera de Berlín, es célebre por su Sowjetisches Ehrenmal (monumento a la Unión Soviética). En abril de 1945, 7.000 soldados del Ejército Rojo perecieron durante la liberación de Berlín y fueron enterrados aquí. Tras las tumbas se alza la estatua de bronce de 12 m de altura de un soldado ruso con un niño en una mano y una espada en la otra con la que ha destruido una esvástica.

5 Friedrichshain
H2

Esta zona creció rápidamente durante la industrialización. Se convirtió en un objetivo aliado durante la guerra y fue uno los distritos más dañados de Berlín. Tras la caída del Muro, Friedrichshain atrajo a una población joven, y ahora es una zona muy popular, sede de empresas de diseño y medios de comunicación, bares, clubes y cafés, en torno a Boxhagener Platz y Simon-Dach-Strasse. Volkspark (p. 67) alberga la bella fuente Märchenbrunnen de Ludwig Hoffman y las colinas boscosas Grosser y Kleiner Bunkerberg.

6 East Side Gallery
H4 Mühlenstrasse 24 horas eastsidegallery-berlin.de

Cerca del río Spree se conserva un fragmento del Muro de Berlín de 1,3 km de longitud. En 1990, 118 artistas de todo el mundo lo cubrieron de imágenes, como el dibujo del artista ruso Dmitri Vrubel que muestra a Leónidas Breznev y al dirigente de Alemania Oriental Erich Honecker besándose. La mayoría de los murales fueron restaurados por sus autores en 2009 (p. 85).

7 Tierpark Berlin
Am Tierpark 125 El horario varía, consultar página web tierpark-berlin.de/tierpark

Ubicado en Friedrichsfelde, el zoológico más grande de Europa (p. 67) cuenta con varias especies raras. Es muy interesante la visita a los leones y tigres siberianos que están en recintos al aire libre. Es famoso su programa de cría de elefantes. El palacio, construido en 1695, se encuentra en el centro.

8 Gedenkstätte Hohenschönhausen
Genslerstr. 66 en.stiftung-hsh.de

La antigua cárcel para presos políticos de la policía secreta se usó hasta 1990. Hasta 1951 sirvió de cuartel al Ejército Rojo. La visita guiada lleva a las torres de vigilancia y celdas, y a las terribles "celdas submarinas" donde ciertos presos eran interrogados y torturados. Hay visitas guiadas en inglés todos los días a las 11.45, 14.15 y 15.45.

Sureste de Berlín **149**

UN DÍA EN EL SURESTE DE BERLÍN

9 Grosser Müggelsee
 Distrito de Treptow-Köpenick

El Grosser Müggelsee, conocido como la "bañera de Berlín", es el mayor lago de la ciudad, aunque no es tan popular como el Grosser Wannsee, principalmente porque está más lejos del centro. En el margen sur hay numerosas cervecerías al aire libre a las que se accede a pie o en barco desde Friedrichshagen. Se puede nadar, hacer senderismo o montar en bici por los alrededores.

10 Stasi-Museum Berlin
 Ruschestr. 103, Haus 1
 10.00-18.00 lu-vi, 11.00-18.00 sá y do stasimuseum.de

El antiguo cuartel general de la Stasi, la policía secreta de Alemania Oriental, es ahora un monumento a las víctimas del régimen y de Erich Mielke, el ministro jefe de la policía secreta. Se pueden visitar sus despachos, la cantina y el material de espionaje utilizado por el régimen socialista.

Una cámara espía de botón expuesta en el Stasi-Museum Berlin

Mañana

Comienza el recorrido en Alexanderplatz. En esta ocasión, se recomienda utilizar el transporte público por la distancia entre los monumentos. Toma el U-Bahn, línea U5 hasta la estación de Magdalenenstrasse, para llegar rápidamente al **Stasi-Museum Berlin.** Regresa a la estación y continúa con la U5 hasta **Tierpark Berlin,** donde visitar el jardín zoológico y el Schloss Fredrichsgelde, construido en estilo neoclásico temprano. Luego, toma el autobús n.° 196 desde la estación de U-Bahn de Tierpark hasta el Deutsch-Russisches Museum. Desde el museo, camina (15 min) o toma el autobús n.° 296 y baja en dirección suroeste por Rheinsteinstrasse hasta la parada de tranvía S. Harlschorst. El n.° 27 va directo a Rathaus Köpenick. Disfruta de una comida típica en **Ratskeller** (p. 151), en el ayuntamiento.

Tarde

Recorre **Köpenick Altstadt** (p. 147), la parte vieja, sin olvidar el antiguo puerto pesquero. Cerca del **Köpenicker Schloss** (p. 147) hay numerosas cafeterías. Vuelve a tomar el tranvía 60 hasta Friedrichshagen, punto de acceso al Grosser Müggelsee. Recorre el lago en un barco turístico y, desde Köpenick, regresa al centro en tren.

El local Matrix, en el sótano de la estación de tren Warschauer Strasse

Bares y discotecas

1. Berghain
📍 Am Wriezener Bahnhof
🕐 22.00-6.00 ju y vi, 24 h sá
🌐 berghain.berlin
Buen sonido y clientela interesante, pero la seguridad es estricta en la puerta.

2. Arena
📍 Eichenstr. 4 🌐 arena.berlin
Complejo a la orilla del río que incluye salas de conciertos, un barco bar (*Hoppetosse*) y una piscina (*Badeschiff*).

3. Cassiopeia
📍 Revaler Str. 99 🕐 Desde 22.00 ju-sá
🌐 cassiopeia-berlin.de
Este local *underground* es auténtico y tiene música en directo.

4. Sisyphos
📍 Hauptstrasse 15 🌐 sisyphos-berlin.net
Un local tecno situado en una antigua fábrica, famoso por sus fiestas.

5. Matrix
📍 Warschauer Platz 18 🕐 22.00-5.00 diario 🌐 matrix-berlin.de
Atrae a los mejores DJ de Berlín y a un público joven.

6. Festsaal Kreuzberg
📍 Am Flutgraben 2 🕐 17.00-23.00 ju y do, 17.00-1.00 vi y sá
🌐 festsaal-kreuzberg.de
Conciertos de grupos de rock, *indie* y alternativos y cervecería con terraza.

7. Monster Ronson's Ichiban Karaoke Bar
📍 Warschauer Str. 34
🕐 Desde 19.00 diario
🌐 karaokemonster.de
En este encantador bar de copas se puede cantar en cabinas insonorizadas para dieciséis personas o sobre el escenario. Se recomienda probar el desayuno de los domingos.

8. Salon zur Wilden Renate
📍 Alt Stralau 70 🕐 Desde 18.00 mi-do
🌐 renate.cc
Diseñado como una sala de estar, este local pincha *house* y *tecno house*. Se llena en cuanto abre.

9. Zenner
📍 Alt Treptow 15 🕐 12.00-21.00 lu-ju, 11.00-22.00 vi-do 🌐 zenner.berlin
Zenner es una de las cervecerías al aire libre más grandes y antiguas de Berlín situada en Treptower Park, junto al río Spree. Cuenta con una sala para conciertos de música en directo los fines de semana.

10. Revier Südost
📍 Schnellerstr. 137 🕐 16.00-23.00 lu-ju, 16.00-1.00 vi-do
🌐 reviersuedost.de
Situado en la antigua fábrica de cerveza Bärenquell, en el emergente barrio de Schöneweide, Revier Südost alberga conciertos, discoteca, teatro y eventos.

Dónde comer

> **PRECIOS**
> Una comida de tres platos, con media botella de vino (o equivalente), servicios e impuestos incluidos.
>
> € menos de 30 € €€ 30-60 € €€€ más de 60 €

1. Il Ritrovo
🏠 Gabriel-Max-Str. 2 🕐 12.00-24.00 diario 🌐 ritrovo.de · €

Deliciosa pizza en horno de leña a buen precio y en un local agradable y acogedor. También tiene bodega de vinos.

2. Ratskeller Köpenick
🏠 Alt-Köpenich 21 🕐 11.00-23.00 ma-sá, 11.00-22.00 do 🌐 ratsheller-hoepenich.de · €€

Cocina tradicional servida bajo los techos abovedados donde Wilhem Voigt (p. 147) llevó a cabo su famosa hazaña.

3. Klipper Schiffsrestaurant
🏠 Bulgarische Str. 🕐 10.00-1.00 diario 🌐 hlipper-berlin.de · €

Velero de dos mástiles de 1890 reconvertido en restaurante. En el menú se ofrecen pescados y platos de caza.

4. Freischwimmer
🏠 Vor dem Schlesischen Tor 2 🕐 Desde 12.00 lu-vi, desde 10.00 sá y do 🌐 freischwimmer-berlin.com · €€

Estupendo *brunch* y bar sobre una terraza de madera flotante.

5. Burgeramt
🏠 Krossener Str. 21–22 🕐 12.00-24.00 diario 🌐 burgeramt.com · €

Una amplia variedad de hamburguesas, desde asadas en piedra de lava hasta opciones vegetarianas.

6. Khao Taan
🏠 Gryphiusstr. 10 🕐 18.00-22.00 ma-sá 🌐 hhaotaan.com · €€

Menú tailandés cerrado. Reservar con mucha antelación.

7. Krokodil
🏠 Gartenstr. 46-48 🕐 16.00-23.00 lu-vi, 15.00-23.00 sá, 12.00-23.00 do 🌐 der-coepenicher.de · €

En el casco viejo de Köpenick, cerca de las piscinas de Gartenstrasse, este establecimiento cuenta con un jardín muy agradable en verano.

8. Bräustübl
🏠 Müggelseedamm 164 🕐 12.00-22.00 lu-sá, desde 11.00 do 🌐 braeustuebl.wixsite.com · €

Concurrida cervecería típica, perteneciente a la vecina fábrica Berliner Bürger-Brau. Sirve platos de caza.

9. Hafenküche
🏠 Zur alten Flußbadeanstalt 5 🕐 18.00-23.00 mi-vi, 12.00-23.00 sá y do 🌐 hafenhueche.de · €€

Este restaurante portuario situado en la orilla este del río Spree sirve comidas informales y paquetes de pícnic, perfectos para llevar, por ejemplo, a un paseo en un barco alquilado en la tienda vecina.

10. Jäger & Lustig
🏠 Grünberger Str. 1 🕐 12.00-24.00 diario 🌐 jaegerundlustig.de · €€

Restaurante rústico y cervecería al aire libre especializados en comida típica alemana. Entre sus platos, caza y opciones vegetarianas.

Freischwimmer, un restaurante ribereño del Flutgraben Canal

GRUNEWALD Y DAHLEM

El suroeste de Berlín incluye los barrios de Grunewald y Dahlem y es una zona verde con hermosos lagos, riachuelos, villas residenciales, pequeños castillos y fincas privadas. Son barrios con un carácter suburbano encantador que siempre ha atraído a famosos y ricos a residir aquí. Ofrecen paseos por el bosque de Grunewald, viajes en ferri por el Wannsee hasta las ruinas de Pfaueninsel y descanso en la playa interior más grande de Europa. El Museum Europäischer Kulturen de Dahlem tiene una fantástica colección, mientras que Haus der Wannsee-Konferenz y Alliiertenmuseum recuerdan un periodo oscuro de la historia de Berlín.

- ● Imprescindible p. 153
- ① Dónde comer p. 157
- ① Y además... p. 156

Para saber dónde alojarse en esta zona, ver p. 177

El palacio de Federico Guillermo II en Pfaueninsel

1 Pfaueninsel
🚇 Pfaueninselchaussee
🌐 spsg.de

Los visitantes se sienten atraídos por el palacio romántico de Federico Guillermo II y los pavos reales de Pfaueninsel *(p. 66)*. Esta isla del lago Wannsee, accesible solo por ferri, es uno de los entornos para pasear más agradables de Berlín.

2 Museum Europäischer Kulturen
🚇 Arnimallee 25
🕐 10.00-17.00 ma-vi, 11.00-18.00 sá y do 🌐 smb.museum 🔗

De los tres museos de Dahlem, solo queda este, ya que el Museo de Arte Asiático y el Museo de Etnología se han trasladado al Humboldt Forum *(p. 91)*. La inmensa variedad de objetos, desde joyas hasta arte gráfico, ilustra la vida en Alemania y otros países europeos desde el siglo XVIII hasta la actualidad.

3 Schloss Glienicke
🚇 Königstr. 36
🕐 Abr-oct: 10.00-18.00 ma-do; nov, dic y mar: 10.00-17.00 sá y do 🌐 spsg.de 🔗

Uno de los más bellos palacios Hohenzollern de Berlín, este romántico castillo fue construido por Schinkel entre los años 1824 y 1860 como residencia veraniega para el príncipe Carlos de Prusia. Las vistas del jardín, diseñadas por Lenné, incluyen rincones secretos y grandes y pequeñas curiosidades, como los pabellones Grosse y Kleine Neugierde, un restaurante y la Orangerie.

Schloss Glienicke, detalle

Reconstrucción de un poblado medieval en el Museumsdorf Düppel

4 Museumsdorf Düppel
Clauertstr. 11 Fin mar-oct: 10.00-18.00 sá y do
dueppel.de

El museo al aire libre recuerda que Berlín fue en otro tiempo un conjunto de aldeas, con asentamientos que se remontan al siglo XIII. Actores vestidos de época recrean el pasado horneando pan y cerámica o fabricando cestos. Los jardines son fascinantes.

5 Alliiertenmuseum
Clayallee 135 10.00-18.00 do-ma alliiertenmuseum.de/en

Este museo recuerda los 50 años de asociación entre los Aliados Occidentales y Berlín Occidental tras la Segunda Guerra Mundial. La colección, que incluye uniformes, documentos, armas y equipo militar, explica la historia de Berlín tras la guerra y no solo desde el punto de vista militar.

6 Villas en Grunewald
En torno a la estación de S-Bahn de Grunewald se ubican algunas de las villas del siglo XIX más bellas de Berlín, como las de los números 11 y 15 de Winklerstrasse, la primera diseñada por Hermann Muthesius al estilo de las mansiones de la campiña inglesa. Villa Maren, en el 12 de esta misma calle, es un ejemplo del estilo neorrenacentista, y merecen visitarse también las de Toni-Lessler-Strasse y las de Furtwänglerstrasse.

7 Jagdschloss Grunewald
Hüttenweg 100, Grunewaldsee
Apr-oct: 10.00-18.00 ma-do; nov, dic y mar: solo visitas guiadas 10.00-16.00 sá y do spsg.de

Este pequeño palacio de paredes blancas de 1542 es el más antiguo de su clase en la ciudad. Fue el pabellón de caza de los electores. De estilo renacentista y barroco, contiene pinturas de Cranach el Viejo y retratos de los siglos XVI al XIX de los Hohenzollern.

8 Haus der Wannsee-Konferenz
Am Grosser Wannsee 56-58
10.00-18.00 diario ghwh.de

Resulta difícil creer que el Holocausto se planeara en esta idílica villa. Construida entre 1914 y 1915 por Paul Baumgarten en estilo neobarroco para el empresario Ernst Marlier, aquí se celebró la siniestra conferencia del 20 de enero de 1942 en la que Adolf Eichmann y otros miembros de la élite nazi discutieron los detalles del exterminio de los judíos. Una exposición ilustra la conferencia y sus consecuencias, así como la historia de la villa.

En busca del sol en las arenas de la Strandbad Wannsee

Grunewald y Dahlem **155**

9 Mexikoplatz

La idílica Mexikoplatz, al sur del barrio de Zehlendorf, es una de las plazas con más encanto e interesante arquitectura de Berlín. Está flanqueada por elegantes bloques de apartamentos semicirculares de estilo Jugendstil. Frente a ellos se alza la única estación de metro *art déco* que conserva la ciudad. En verano sus balcones se engalanan con plantas y flores. En Argentinische y Lindenthaler Allees, las calles que desembocan en esta magnífica la plaza, están algunas de las mansiones más lujosas de la capital alemana.

10 Strandbad Wannsee

Wannseebadeweg 25
(030) 803 54 50 El horario varía, informarse por tlf.

La playa interior más grande de Europa *(p. 67)*, con una longitud de casi 2 km y anchura de 80 m, es un enclave pintoresco en las afueras de la ciudad. Está cubierta de arena del Báltico. Las piscinas renovadas fueron construidas entre 1929 y 1930 para el ocio de los trabajadores. Quienes la visiten, podrán practicar deportes como vóley y fútbol playa.

UN DÍA EN EL SUROESTE

Mañana

Empieza el recorrido por los barrios del suroeste de Berlín, tomando el S-Bahn S1 hasta **Mexikoplatz**. Contempla la belleza de las villas y la plaza antes de desayunar en el **Café Krone** (N. 2 Argentinische-Allee). Luego, toma el autobús 118 en dirección sur hasta llegar al museo al aire libre **Museumsdorf Düppel**. Desde aquí, súbete al autobús 115 en dirección norte hasta el **Alliiertenmuseum**. Después, camina 20 minutos por el parque hasta la cervecería **Luise** *(p. 157)*, cerca de la Freie Universitat, para almorzar.

Tarde

Haz una parada en **Museum Europäischer Kulturen** *(p. 153)*, a 2 minutos a pie hacia el sur de la cafetería o descubre la flora exótica del **Botanischer Garten** *(p. 66)*, un paseo de 20 minutos. El entorno es espectacular en todas las estaciones del año. Luego, ve a la estación de S-Bahn del Botanischer Garten y toma el tren hasta la estación de Wannsee, puerta de entrada a los lugares de interés del suroeste de Berlín. Dirígete a las playas de **Strandbad Wannsee** o visita la **Haus der Wannsee-Konferenz** y admira el parque. Termina yendo en autobús a **Luther & Wegner Schloss Glienicke** *(p. 157)* para cenar. Regresa al centro con el S-Bahn desde Wannsee.

Y además...

1. Museo al aire libre Domäne Dahlem
Königin-Luise-Str. 49 Museo: 10.00-17.00 sá y do; finca: 7.00-22.00 diario domaene-dahlem.de
Museo de técnicas de agricultura orgánica moderna en una granja histórica.

2. Grunewaldturm
Havelchaussee 10.00-22.00 diario
Torre neogótica construida en 1897 en memoria del káiser Guillermo I. Hay un mirador en la parte de arriba.

3. Onkel Toms Hütte
Argentinische Allee
"La cabaña del tío Tom" fue un proyecto desarrollado entre 1926 y 1932 por arquitectos como Bruno Taut, para crear un modelo de vivienda más moderno para los trabajadores.

4. Freie Universität
Habelschwerdter Allee 45 Biblioteca: 9.00-22.00 lu-vi, 9.00-17.00 sá y do fu-berlin.de
La mayor universidad de Berlín fue fundada en 1948 como rival de la Universidad Humboldt, en Berlín Oriental. Merece la pena visitar la biblioteca de Filología, de Lord Norman Foster, y el Henry-Ford-Bau de la década de 1950.

5. Teufelsberg
11.00-puesta de sol mi-do
Situada en lo alto de una colina, esta torre de escuchas de la Guerra Fría es un mirador de referencia. Los bosques de la zona son ideales para montar en bicicleta y el lago Teufelsee, para nadar y tomar el sol (desnudo, si se quiere).

6. Tumba de Heinrich von Kleist
Bismarckstr. 3, Am Kleinen Wannsee
El dramaturgo alemán Kleist y su compañera Henriette Vogel se suicidaron disparándose en 1811 y están enterrados juntos (cerca del paso elevado del S-Bahn).

7. St-Peter-und-Paul-Kirche
Nikolshoer Weg 17 11.00-16.00 diario kirche-nikolshoe.de
Esta iglesia de piedra junto al río Havel fue construida entre 1846 y 1847 por Stüler y se asemeja a los templos rusos ortodoxos.

8. Blockhaus Nikolskoe
Nikolshoer Weg 15 12.00-18.00 diario
Esta cabaña o dacha de estilo ruso construida en 1819 fue un regalo del rey Federico Guillermo a su hija Carlota y a su yerno, el futuro zar Nicolás I.

9. St-Annen-Kirche
Königin-Luise-Str./Pacelliallee
Iglesia del siglo XIV, decorada con pinturas murales con escenas de la vida de santa Ana. También hay esculturas de santos de estilo gótico tardío y un púlpito barroco.

10. Liebermann-Villa
Colomierstr. 3 Verano: 10.00-18.00 mi-lu; invierno: 11.00-17.00 mi-lu liebermann-villa.de
La casa berlinesa del pintor Max Lieberman, a orillas del lago Wannsee, es ahora un museo.

El hermoso jardín de la Liebermann-Villa

Grunewald y Dahlem 157

Dónde comer

PRECIOS
Una comida de tres platos, con media botella de vino (o equivalente), servicios e impuestos incluidos.

€ menos de 30 € €€ 30-60 € €€€ más de 60 €

Terraza del Alter Krug Dahlem

1. Mutter Fourage
🏠 Chausseestrasse 15a ⏰ Verano: 9.00-19.00 diario; invierno: 10.00-18.00 diario 🌐 mutterfourage.de · €

Oculto en el patio de un huerto y un taller, este encantador café dispone de una deliciosa selección de tartas caseras y tentempiés.

2. Haus Sanssouci
🏠 Am Grosser Wannsee 60 ⏰ 11.30-23.00 ma-do 🌐 web.haussanssouci.com · €€

Estilo casa de campo, con vistas al idílico paisaje del Wannsee, sirve comida alemana y también langosta y otras especialidades.

3. Floh
🏠 Am Bahnhof Grunewald 4 ⏰ 12.00-23.00 diario 🌐 restaurant-floh.business.site · €

Pub rústico famoso por sus platos caseros. Su cervecería al aire libre está justo al lado de la estación Grundewald S-Bahn.

4. La Gondola Due
🏠 Mexikoplatz 4 ⏰ 17.00-24.00 ma-sá, 12.00-22.00 do 🌐 lagondoladue.de · €€

Este estupendo restaurante italiano es famoso por sus pastas, excelentes vinos y un servicio fabuloso.

5. Alter Krug Dahlem
🏠 Königin-Luise-Str. 52 ⏰ 10.00-24.00 diario 🌐 alter-krug-berlin.de · €

Relájese en los columpios del jardín de esta cervecería. La barbacoa ofrece comida a mediodía y por la noche.

6. Blockhaus Nikolskoe
🏠 Nikolshoer Weg 15 ⏰ 12.00-18.00 diario 🌐 blockhaus-nikolshoe.de · €€

Cocina alemana tradicional en una cabaña histórica con vistas al agua.

7. Luise
🏠 Königin-Luise-Str. 40 ⏰ 11.00-23.00 lu-ju, 11.00-24.00 vi, 10.00-24.00 sá, 10.00-23.00 do 🌐 luise-dahlem.de · €

Luise, en el campus de la Freie Universität, siempre tiene un buen ambiente. Ricos sándwiches y ensaladas.

8. Café Max
🏠 Villa Liebermann, Colomierstr. 3 ⏰ Abr-sep: 10.00-18.00 mi-lu; oct-ma: 11.00-17.00 mi-lu 🌐 cafe-max-liebermann.de · €€

El café en el museo del famoso pintor Max Liebermann tiene un precioso jardín y vistas al lago. Entrada ligada al acceso al museo.

9. Luther & Wegner Schloss Glienicke
🏠 Königstr. 36 ⏰ 12.00-21.00 mi-do 🌐 schloss-glieniche.de · €€

Cocina y entorno sofisticados. En verano, platos de pescado y ensaladas, y, en invierno, caza y asados.

10. Chalet Suisse
🏠 Clayallee 99 ⏰ 12.00-24.00 diario 🌐 chalet-suisse.de · €

Chalet suizo que ofrece exquisita cocina local y suiza en un ambiente agradable.

POTSDAM Y SANSSOUCI

Potsdam ha sido un referente fundamental en la historia cultural europea, un floreciente centro en la época de la Ilustración, que alcanzó su apogeo en el siglo XVIII con la construcción del palacio de Sanssouci de Federico el Grande. El conjunto palaciego, con sus extensos jardines, ha sido declarado Patrimonio Cultural de la Humanidad por la Unesco. Cada año recibe millones de visitantes venidos de todo el mundo. La ciudad de Potsdam, con más de 150.000 habitantes, es la capital de la provincia federal de Brandeburgo. Esta antigua ciudad amurallada tiene mucho que ofrecer: pequeños palacios e iglesias antiguas, parques románticos y asentamientos históricos.

- ❶ Imprescindible p. 159
- ① Dónde comer p. 163
- ① Y además... p. 162

Para saber dónde alojarse en esta zona, ver p. 177

El suntuoso y barroco Neues Palais en Park Sanssouci

1 Neues Palais
🏛 Am Neuen Palais ⏰ 10.00-18.00 mi-lu (nov-mar: hasta 17.00) 🌐 spsg.de

Uno de los palacios más bellos de Alemania, el barroco Neues Palais fue construido entre 1763 y 1769 para Federico el Grande por Johann Gottfried Büring, Jean Laurent Le Geay y Carl von Gontard. La inmensa estructura contiene 200 habitaciones, incluida la famosa Marmorsaal (salón de mármol), una sala de baile, y el Schlosstheater, que ha vuelto a acoger representaciones teatrales. Los aposentos de Federico el Grande son espléndidos, en especial su estudio rococó, la galería superior, con suelo de madera, y el Oberes Vestibül, cubierto de mármol.

2 Museum Barberini
🏛 Alter Marht, Humboldtstr. 5-6 ⏰ 11.00-19.00 ma-do 🌐 museum-barberini.com

Museo de arte privado, en su día palacio Barberini, construido en 1771-1772 por Federico el Grande. Destruido durante la guerra, fue reconstruido por Hasso Plattner y abierto al público en 2017. Las salas albergan 250 pinturas y esculturas de las colecciones de Plattner y otras prestadas.

3 Schloss Sanssouci
🏛 Maulbeerallee ⏰ Solo visitas guiadas; abr-oct: 10.00-18.00 ma-do (nov-mar: hasta 17.00) 🌐 spsg.de

Federico el Grande deseaba vivir *sans souci* ("sin preocupaciones") en un palacio fuera de la ciudad. En 1745 encargó al arquitecto Georg Wenzeslaus von Knobelsdorff la construcción de este palacio rococó. La estructura tiene un vestíbulo de mármol situado en el centro del complejo y rinde tributo al Panteón de Roma. A ambos lados hay varias estancias diseñadas por von Knobelsdorff y Johan August Nahl, como la sala de conciertos y la biblioteca del rey. Allí, el monarca solía tocar la flauta o charlar de filosofía con Voltaire. Adornan las paredes lienzos del pintor Antoine Watteau.

Schloss Cecilienhof, con una bonita decoración en espiga en la fachada

4 Schloss Cecilienhof
📍 Im Neuen Garten ⏰ Abr-oct: 10.00-18.00 ma-do (nov-mar: hasta 17.00) 🌐 spsg.de

La Conferencia de Potsdam de 1945 se celebró en este palacio, construido entre 1914 y 1917 al estilo de la campiña inglesa. Incluido en el Patrimonio Universal de la Unesco, alberga un hotel y una pequeña exposición.

5 Schloss Charlottenhof
📍 Geschwister-Scholl-Str. 34a ⏰ May-oct: 10.00-18.00 ma-do 🌐 spsg.de

Pequeño palacio neoclásico en el Park Sanssouci edificado en 1829 por Schinkel para el heredero del trono, el futuro Federico Guillermo IV. Vale la pena ver la Humboldtsaal.

6 Schlosspark Sanssouci
📍 Maulbeerallee ⏰ El horario varía, comprobar página web 🌐 spsg.de

Es fácil pasar un día entero en un parque tan grande. De los muchos edificios encantadores que se ocultan entre su cuidada vegetación, destaca la Chinesisches Haus *(Am Grünen Gitter)*, de estilo rococó, construida entre 1754 y 1756 por Johann Gottfried Büring. Originalmente se empleaba para tomar el té y cenar, y hoy alberga una colección de porcelana asiática. Los Römische Bäder *(Lennëstr)* (baños romanos), pabellones cerca del lago inspirados en villas renacentistas italianas, fueron construidos entre 1829 y 1840 por Schinkel. La Orangerie *(An der Orangerie 3-5)*, edificada entre 1851 y 1860 por Stüler, fue concebida para alojar a los huéspedes del rey. Hoy alberga una galería de pintura.

7 Holländisches Viertel
📍 Friedrich-Ebert-, Kurfürsten-, Hebbel-, Gutenbergstr.

Una forma agradable de explorar Potsdam es dar un paseo por el casco antiguo. Construida entre 1733 y 1742, la zona era originalmente un asentamiento

---

LA CONFERENCIA DE POTSDAM

En julio y agosto de 1945 los jefes de Gobierno de Estados Unidos (Harry Truman), la URSS (Joseph Stalin) y Gran Bretaña (Winston Churchill) se reunieron en Schloss Cecilienhof para decidir el futuro de Alemania mediante un tratado. Entre otros puntos, se estipuló la desmilitarización de Alemania, las indemnizaciones que debía pagar, el castigo a los criminales de guerra, la reubicación de los alemanes procedentes de Polonia y las nuevas fronteras del país.

El interior y la gran cúpula de la neoclásica Nikolaikirche

para trabajadores neerlandeses, de quienes recibe su nombre.

8 Marmorpalais
- Heiliger See (Neuer Garten)
- May-oct: 10.00-18.00 ma-do; nov-abr: 10.00-16.00 sá y do
- spsg.de

Pequeño palacio neoclásico junto al Heiliger See, construido entre 1791 y 1797 por el arquitecto Carl Gotthard, entre otros. Cuenta con una elegante sala de conciertos, muebles contemporáneos y porcelanas.

9 Marstall (Filmmuseum)
- Breite Str. 1a
- 10.00-18.00 ma-do
- filmmuseum-potsdam.de

Situado en las antiguas caballerizas de la residencia real, este pequeño museo utiliza viejas cámaras, aparatos y proyectores para ofrecer un recorrido por la historia del cine alemán.

10 Nikolaikirche
- Am Alten Markt
- 9.00-18.00 lu-sá, 11.30-17.00 do

La iglesia más bella de Potsdam, diseñada por Schinkel en 1830 en estilo neoclásico. Su enorme cúpula es un logro arquitectónico y desde ella se contempla una vista del Stadtschloss, que sirve ahora de sede del Parlamento de Brandeburgo.

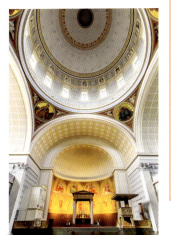

UN DÍA EN POTSDAM

Mañana

Comienza la excursión en Schlosspark Sanssouci lo antes posible para adelantarte al flujo de visitantes. Empieza por **Schloss Sanssouci** (p. 159) y el **Neues Palais**, para continuar con la Chinesiche Haus, el Römischer Bäder y la Orangerie. Desde Schlosspark, camina por Voltaireweg hasta el Neuer Garten, al noreste de Potsdam, perfecto para reponer fuerzas con una sabrosa comida en **Brauerei Meierei** *(Im Neuen Garten 10)*.

Tarde

Empieza la tarde paseando alrededor de Neuer Garten y **Schloss Cecilienhof**. Descansa un rato en Heiliger See. A continuación, dirígete al centro de Potsdam y recorre el **Holländisches Viertel** (barrio holandés), con numerosos cafés. Pasea junto a la St Peter-und-Paul Kirche (p. 162), Französische Kirche (p. 162), **Nikolaikirche** y **Altes Rathaus** *(p. 162)* camino del museo de cine **Marstall** y el Museum Barberini. Si tienes tiempo, amplia el recorrido por la cercana Babelsberg. Aquí puedes visitar Filmpark (p. 162), admirar Schloss Babelsberg o caminar hasta Telegrafenberg. Para acabar el día, nada mejor que cenar en el fabuloso **Pino** *(p. 163)*, en Potsdam.

Y además...

Puerta de Brandeburgo, una de las famosas puertas de Potsdam

1. Alexandrowka
🏛 Russische Kolonie/Puschkinallee
Esta colonia rusa es como un pueblo de la Rusia zarista. Cabañas de madera decoradas y jardines construidos en 1826 para alojar a un coro militar ruso. No se pierda el museo y la iglesia de Alexander Newski.

2. Dampfmaschinenhaus
🏛 Breite Str. 28 🕙 May-oct: 10.00-18.00 sá y do 🌐 spsg.de
Este edificio con minaretes es la estación de bombeo para Sanssouci. La bomba de 1842 se puede ver dentro.

3. Telegrafenberg
🏛 Albert-Einstein-Str.
La torre de Einstein, en lo alto de la colina del Telégrafo, la diseñó Erich Mendelssohn en 1920. Hay visitas guiadas por la Einsteinturm entre octubre y marzo.

4. Schloss Babelsberg
🏛 Park Babelsberg
🕙 Por obras hasta 2025
🌐 spsg.de
Palacio neogótico erigido por Schinkel entre 1833 y 1835 se alza en un idílico parque a orillas del río Havel. El edificio está cerrado por reformas, pero el parque está abierto. Consultar la web para más información.

5. Potsdamer Stadtschloss
🏛 Neuer Markt
El palacio Hohenzollern, residencia de Federico el Grande, fue bombardeado en la Segunda Guerra Mundial y tuvo que ser demolido en 1960. Es el centro cultural y sede de la Asamblea Legislativa de Potsdam.

6. Altes Rathaus
🏛 Am Alten Markt
Antiguo ayuntamiento (1753), decorado con esculturas y el escudo de Potsdam, con dos atlantes portando cada uno un globo terráqueo sobre sus espaldas. Hoy es el museo de la ciudad.

7. Filmpark Babelsberg
🏛 Grossbeerenstr. 200, Potsdam
🕙 Fin mar-prin nov: 10.00-18.00 diario 🛈 Consultar el calendario de eventos en la página web
🌐 filmpark-babelsberg.de
Filmpark (p. 70) ofrece un recorrido por los UFA-Studios, con paseos en submarino y actuaciones de especialistas.

8. Französische Kirche
🏛 Am Bassinplatz
☎ (0331) 29 12 19 🕙 Fin mar-med oct: 13.30-17.00 ma-do
En 1752, Johann Boumann construyó está iglesia hugonote con su pórtico de columnas; en la década de 1830 Schinkel decoró el interior.

9. St-Peter-und-Paul-Kirche
🏛 Am Bassinplatz
☎ (0331) 230 79 90 🕙 10.00-18.00 diario (invierno: hasta 17.00)
Iglesia católica de San Pedro y San Pablo inspirada en Santa Sofía de Estambul, obra de Stüler (1867-1870).

10. Puerta de Brandeburgo
🏛 Luisenplatz
La más atractiva de las cinco puertas de Potsdam, obra de Gontard y Unger (1770) para celebrar la victoria del Reino de Prusia en la guerra de los Siete Años.

Dónde comer

1. Kades am Pfingstberg
Grosser Weinmeisterstr. 43b
12.00-15.00 y 17.00-21.00 ju-lu
restaurant-pfingstberg.de · €€
Este local con terraza cubierta de frondosos árboles y chimenea en el interior, ofrece platos locales como *goulash* de ciervo.

2. Zanotto
Dortustr. 53 18.00-22.00 mi-do
daszanottopotsdam.de · €€
Restaurante italiano que ofrece platos con ingredientes de temporada y pasta casera.

3. Pino
Weinbergstr. 7 18.00-24.00 lu-sá
pino-potsdam.de · €€
Cerca de Park Sanssouci, ofrece un menú diario exquisito de cocina siciliana. La carta de vinos es un quién es quién de vinos italianos.

4. Restaurant Juliette
Jägerstr. 39 17.00-22.00 mi-do y tb 12.00-14.30 sá y do
Jul restaurant-juliette.de · €€
Situado en una antigua casa señorial, este encantador restaurante sirve clásicos franceses de gran calidad.

5. Otto Hiemke
Karl-Gruhl-Str. 55 16.00-23.00 diario (desde 12.00 vi-do) · €
Este acogedor *pub* pertenece a la misma familia desde 1896 y sirve comida tradicional alemana.

> **PRECIOS**
> Una comida de tres platos, con media botella de vino (o equivalente), servicios e impuestos incluidos.
>
> € menos de 30 € €€ 30-60 € €€€ más de 60 €

6. Maison Charlotte
Mittelstr. 20 12.00-22.00 diario
maison-charlotte.de · €€
Taberna tradicional, situada en una casa neerlandesa de ladrillo rojo con terraza, que sirve cocina francesa. Excelente selección de vinos.

7. Villa Kellermann
Mangerstr. 34 18.00-23.00 mi-vi, 12.00-16.30 y 18.00-23.00 sá
villakellermann.de · €€€
Este elegante restaurante con estrella Michelin junto al Heiliger See posee salas con una decoración singular. Comida tradicional alemana con un toque moderno.

8. Waage
Am Neuen Markt 12
16.00-23.00 ma-sá, 12.00-22.00 do restaurant-waage.de · €€
Los platos regionales de carne y pescado de este atractivo e histórico restaurante del centro de Potsdam valen la pena.

9. Café Heider
Friedrich-Ebert-Str. 29
9.00-22.00 diario
cafeheider.de · €
Un café encantador en la parte vieja de Potsdam. Sirve fantásticos desayunos que pueden disfrutarse en la terraza de verano.

10. La Madeleine
Lindenstr. 9 12.00-22.00 diario
creperie-potsdam.de · €
Pequeño bistró donde se preparan crepes dulces con mermelada y saladas con jamón. El lugar ideal para una merienda rápida.

Un vehículo Ford antiguo con publicidad del Café Heider

DATOS ÚTILES

Cómo llegar y moverse	166
Información práctica	170
Dónde alojarse	174
Índice	178
Frases útiles	187
Agradecimientos	190

Vendedor de bagels *en bicicleta por la ciudad*

CÓMO LLEGAR Y MOVERSE

Ya sea a pie o en transporte público, aquí está toda la información necesaria para recorrer la ciudad y sus alrededores como un berlinés.

DE UN VISTAZO

PRECIO DEL TRANSPORTE PÚBLICO
Los billetes son válidos en todo tipo de transporte público dentro de Berlín.

BILLETE SENCILLO
3,80 €
(zonas A-B)

BILLETE DE UN DÍA
8,80 €
(zonas A-B)

BONO DE TRES DÍAS
36 €
(zonas A-B)

LÍMITES DE VELOCIDAD

AUTOVÍAS
130 km/h

CARRETERAS REGIONALES
100 km/h

CARRETERAS INTERURBANAS
70 km/h

VÍAS URBANAS
50 km/h

Llegada en avión

Los dos aeropuertos internacionales de Berlín, Tegel (TXL) y Schönefeld (SXF), fueron sustituidos en octubre de 2020 por un nuevo centro regional, el **Berlin-Brandenburg (BER).** Situado 18 km al sureste de la ciudad, en el lugar que ocupaba el aeropuerto de Schönefeld, Berlín-Brandeburgo está muy bien conectado y recibe vuelos de Europa, Norteamérica y Asia. Schönefeld funciona ahora como quinta terminal del nuevo aeropuerto.

La forma más rápida de llegar a Berlín es el tren RE7 o RB14 del S-Bahn o el FEX Airport Express, que lleva directamente a la estación central de Berlín, Hauptbahnhof, en unos 30 minutos. Los autobuses urbanos conectan el aeropuerto con la red del U-Bahn.

Berlin-Brandenburg (BER)
w berlin-airport.de

Llegada en tren

La alta velocidad, para la que es imprescindible reservar, conecta Berlín con otras ciudades europeas.

Eurail e **Interrail** tienen a la venta billetes y bonos de numerosos trayectos internacionales. En función del servicio, puede que se le aplique una tarifa adicional de reserva. Hay que comprobar que el billete sea válido antes de subir al tren; viajar sin tener una reserva previa puede conllevar una multa.

Eurostar gestiona un servicio regular de trenes desde Londres, a través del Eurotúnel, hasta Bruselas, donde se puede enlazar con otro tren hacia Berlín.

La red nacional de ferrocarriles, o **Deutsche Bahn,** también ofrece un servicio de alta velocidad a destinos europeos.

Los estudiantes y menores de 26 años tienen opción a descuentos para viajar por Europa, y dentro de Alemania también. Para saber más, conviene visitar las páginas web de Eurail o Interrrail.

Deutsche Bahn
w bahn.com
Eurail
w eurail.com

Cómo llegar y moverse

Eurostar
W eurostar.com
Interrail
W interrail.eu

Llegada en autobús

Eurolines cuenta con numerosas líneas que llevan a Berlín partiendo de otras ciudades europeas desde poco más de 20 €, con descuentos para estudiantes, niños y mayores. Otros servicios son **FlixBus, Student Agency Bus** y **Ecolines.**

El **Zentraler Omnibus Bahnhof (ZOB)** es la principal central de autobuses de larga distancia, con conexiones con otras ciudades de Alemania y el resto de Europa. En su web aparecen horarios y billetes.

Ecolines
W ecolines.net
Eurolines
W eurolines.com
FlixBus
W flixbus.de
Student Agency Bus
W studentagencybus.com
Zentraler Omnibus Bahnhof (ZOB)
W zob-berlin.de

Transporte público

Berliner Verkehrsbetriebe (BVG) es el principal operador del transporte público de Berlín. Sus medidas de seguridad e higiene, horarios, información de billetes y planos de transporte pueden encontrarse *online*.
BVG
W bvg.de

Billetes

Berlín se divide en tres zonas, con diferentes precios: A, B y C. La primera abarca el centro de la ciudad, la segunda las afueras y la C las áreas más periféricas, Potsdam y sus alrededores, además del aeropuerto Berlín-Brandeburgo. Se pueden adquirir billetes que combinan varias zonas y que son válidos para todos los medios de transporte, incluidos trenes, tranvías, S-Bahn, U-Bahn y ferris, durante dos horas y con transbordos ilimitados.

Solo se permite viajar en una dirección, por lo que para la vuelta hay que adquirir un segundo billete. Los trayectos cortos *(kurzstrecke)* son más baratos, pero el billete solo es válido para tres paradas en trenes y seis en autobuses o tranvías. Los billetes para un día *(tageskarte)* y para siete *(7-tages-karte)* cuestan 8,80 € y 36 €, respectivamente, para las zonas A-B; merecen la pena si se van a hacer varios trayectos. Los de siete días permiten viajar gratis con otro adulto o hasta con tres niños después de las 20.00, los fines de semana y los festivos. Las tarjetas turísticas, que ofrecen también entradas a museo (p. 173), incluyen billetes con descuento. Las máquinas dispensadoras de billetes en las estaciones y en los tranvías solo aceptan efectivo. Los autobuses exigen el importe exacto. Todos los billetes han de ser validados en la máquina roja o amarilla que hay en los accesos al andén o al subir a los autobuses. Si se viaja sin billete, puede ser multado.

Trenes locales y regionales

Deutsche Bahn (DB) es la operadora del servicio de trenes en Alemania. Regional Bahn y Regional Express (RB y RE) cubren la región de Berlín-Brandeburgo y más allá. Deberá utilizarlo para las excursiones a Potsdam y a otras ciudades cercanas a Berlín.

TRANSPORTE AL AEROPUERTO

Transporte al centro de la ciudad	Duración del trayecto	Precio
Airport Express (FEX)	25 min	3,80 €
RE7	30 min	3,80 €
RB14	30 min	3,80 €
S-Bahn (S9/S45)	50 min	3,80 €
Taxi	40 min	60 €

U-Bahn y S-Bahn

A pesar de su nombre, el metro de Berlín no es solo subterráneo, también funciona en la superficie. Hay 10 líneas de U-Bahn, que conectan con el S-Bahn y otras líneas de U-Bahn en varios puntos de Berlín. Cierra entre las 00.30 y las 4.00. Sin embargo, los fines de semana todas las líneas abren 24 horas, salvo la U4 y la U5. Las estaciones del U-Bahn se identifican con facilidad por la señal azul rectangular con una letra U en blanco.

El S-Bahn es más rápido que el U-Bahn, y las estaciones distan más unas de otras. Berlín tiene 16 líneas S-Bahn que llevan más allá de los límites de la ciudad. Los trenes pasan cada 10 o 20 minutos, o con más frecuencia en horas punta. Las estaciones de S-Bahn se reconocen por el logotipo redondo verde con una gran S blanca.

Autobuses

En Berlín operan varios servicios con las mismas tarifas. Los autobuses de la ciudad llevan códigos de líneas de tres dígitos y pasan cada 20 minutos entre las 5.00 y la medianoche. Las principales líneas cuentan también con los autobuses Metro (llevan la M antes del número de la línea), que funcionan 24 horas y pasan cada 10 o 20 minutos, mientras que los autobuses exprés (con una letra X) pasan con una frecuencia de entre 5 y 20 minutos.

Por la noche, los autobuses salen cada media hora desde la medianoche hasta las 4.00, hora en que se reanuda el U-Bahn. Los billetes sencillos normales no son válidos en este servicio. El conductor del autobús vende los billetes (pago en efectivo).

Todas las rutas de autobuses cuentan con un horario detallado expuesto en la parada y las paradas de los autobuses urbanos poseen pantallas digitales que informan del tiempo de espera. La página web de BVG (p. 167) contiene información específica sobre el trayecto.

Tranvía

Pese a dar servicio únicamente a la parte oriental de la ciudad, el tranvía (strassenbahn) es una forma popular de desplazamiento, sobre todo si se va de Mitte a cualquier zona de Prenzlauer Berg. Los tranvías Metro, que pasan cada 10 o 20 minutos las 24 horas, dan servicio a las principales líneas. Algunos tienen una frecuencia menor los fines de semana. Otros pasan cada 20 minutos entre las 5.00 o las 6.00 y la medianoche.

Ferris públicos

El centro de la ciudad está unido a los vecinos Potsdam, Spandau, Chalottenburg y Müggelsee mediante un sistema de canales y lagos, por lo que el transporte en barco no es solo divertido sino también práctico. En Berlín existen seis líneas de ferri integradas en la red de transporte público. Aparecen señaladas con la letra F y conectan las dos orillas de los ríos en distintos puntos al este del centro.

Taxis

Los taxis oficiales de Berlín son de color crema, llevan un cartel de "Taxi" y taxímetro. Hay *apps* de transporte de viajeros como Uber y Lyft. Los taxis se paran con una indicación en la calle, en una parada *(würfelfunk)* o se pueden reservar online o por teléfono en empresas como **Taxi Funk Berlin o Würfelfunk**. Si el trayecto es de 2 km o menos, se puede solicitar un *kurzstrecke* por 5 €; este servicio solo lo ofrecen los taxis que se paran en la calle.

Taxi Funk Berlin
W funk-taxi-berlin.de
Würfelfunk
W wuerfelfunk.de

En coche

Es fácil llegar en coche a Berlín desde las principales ciudades europeas a través de la red de carreteras europeas. Las carreteras regionales de Alemania *(landesstrassen)* se reconocen por las señales amarillas, mientras que las autovías *(autobahnen)* se distinguen por el color azul de la señalización. Aunque algunos tramos de las autovías tienen límites de velocidad variables en función de las condiciones de la vía y la meteorología, otras no cuentan con ningún límite de velocidad obligatorio, por lo que se suele circular a gran velocidad. Los conductores deben llevar el pasaporte y la documentación del seguro si van al volante de un vehículo con matrícula extranjera. Los permisos de conducción emitidos por cualquier país miembro de la Unión Europea son válidos. Los ciudadanos extracomunitarios puede que necesiten un permiso de conducción internacional. Conviene informarse antes de viajar.

Para alquilar un coche en Alemania, se tiene que ser mayor de 21 años y tener carné de conducir en vigor desde hace al menos un año. Por ley, los conductores de 21-22 años deben adquirir un seguro de Exención de Daños por Colisión (CDW, en inglés). Los conductores menores de 25 años pueden tener que pagar precios más altos.

En el caso de avería o accidente, o si se precisa ayuda en carretera, hay que contactar con **ADAC Auto Assistance.**

Berlín está rodeada de una autovía de circunvalación llamada Berliner Ring, con muchas salidas señalizadas que conducen al centro de la ciudad. Aunque el transporte público es la forma más sencilla de moverse por la ciudad, es relativamente sencillo recorrer Berlín en coche; las indicaciones son claras y las calles están bien señalizadas. No es difícil encontrar sitio para aparcar y es relativamente barato. Se conduce por la derecha. A menos que se indique, los vehículos que vienen por la derecha tienen siempre prioridad. Hay que tener cuidado con los ciclistas y los tranvías. Los tranvías tienen preferencia; hay que girar con cuidado y ceder el paso a los ciclistas. El cinturón de seguridad es obligatorio y hay que encender las luces en los túneles. Está prohibido hablar por el móvil al volante. El límite de alcohol al volante (p. 173) se cumple estrictamente.

Todos los conductores deben tener seguro a terceros y una etiqueta medioambiental para los vehículos que circulen por las zonas libres de emisiones llamadas **Umweltzonen,** que ocupan prácticamente todo el centro de Berlín. La certificación se adquiere *online*.

ADAC Auto Assistance
W adac.de
Umweltzonen
W umwelt-plakette.de

En bicicleta
Berlín es, en general, una ciudad muy accesible en bici, con muchos carriles específicos y semáforos en los cruces. Las bicis se pueden subir al U-Bahn, S-Bahn y a los tranvías (tras comprar un billete extra para la bici), pero están prohibidas en autobuses, excepto en los nocturnos, que permiten dos bicis por vehículo, si el conductor lo estima conveniente.

Deutsche Bahn (DB) dispone de un excelente sistema de bicicletas públicas llamado **LIDL Bike.** Se pueden coger bicis en las estaciones de tren y en las principales intersecciones y dejar en las estaciones LIDL Bike diseminadas por la ciudad. Para alquilar una bici hay que registrarse con una tarjeta de crédito; se aplica una tarifa de inscripción de 3 €, 1,50 € por los primeros 30 minutos y 1 € por cada media hora extra. También existen tiendas de alquiler de bicis con tarifas similares; una de las más fiables es **Fahrradstation**. La tasa de alcoholemia se aplica también a los ciclistas. Las bicis circulan por la derecha. En caso de duda, mejor bajarse de la bici; muchos ciclistas cruzan las intersecciones a pie, pero al hacerlo, caminar por la parte peatonal. Cuidado con no introducir las ruedas de las bicis en los raíles de los tranvías. No caminar por el carril bici ni ir en bici por la acera y no olvidar las luces. El casco es recomendable, aunque los locales prescindan de él.

Fahrradstation
W fahrradstation.com
LIDL Bike
W lidl-bike.de

A pie
Berlín es una de las ciudades más extensas de Europa, pero agradable para caminar. Los grandes monumentos están situados dentro de un área razonablemente pequeña. Existen paseos organizados: una buena opción para quien quiera descubrir la ciudad y su historia a pie.

INFORMACIÓN PRÁCTICA

Conocer la información local ayuda a moverse por Berlín. Aquí están todos los consejos e información esencial que pueden resultar necesarios durante la estancia.

Documentación
Los españoles y nacionales de otros países de la UE pueden viajar a Alemania con el DNI o pasaporte en vigor para estancias de menos de tres meses. Para ampliar esta información se recomienda consultar al Ministerio de Asuntos Exteriores de España o a la Embajada de Alemania más cercana.
Embajada de Alemania en España
W spanien.diplo.de/es-es
Ministerio de Asuntos Exteriores de España
W exteriores.gob.es

Consejos oficiales
Es importante tener en cuenta los consejos oficiales antes de viajar. Se pueden consultar las recomendaciones actualizadas sobre seguridad, sanidad y otras cuestiones importantes tanto en la web del **Ministerio de Asuntos Exteriores de España** como en la del **Gobierno de Alemania.**
Gobierno de Alemania
W bundesregierung.de
Ministerio de Asuntos Exteriores de España
W exteriores.gob.es

Información de aduanas
La página web del servicio federal de aduanas, **Zoll,** contiene información sobre la cantidad de artículos y dinero que se pueden introducir y sacar de Alemania.
W zoll.de

Seguro de viaje
Es recomendable contratar un seguro completo que cubra robos, pérdida de pertenencias, problemas médicos, cancelaciones y retrasos, y leerse la letra pequeña. Los ciudadanos de la UE tienen derecho a atención sanitaria urgente de modo gratuito en Alemania si presentan la **Tarjeta Sanitaria Europea (TSE).**
Tarjeta Sanitaria Europea (TSE)
W seg-social.es

ENCHUFES
Las tomas de corriente son de los tipos F y L, y entran los enchufes con dos clavijas. La corriente eléctrica es de 230 voltios.

Vacunas

No se necesita ninguna vacuna para viajar a Berlín.

Dinero

En general, se aceptan las principales tarjetas de crédito, débito y prepago. Las tarjetas inteligentes están ganando terreno, aunque no se pueden utilizar en el transporte público, así que conviene llevar efectivo. Hay cajeros diseminados por varios puntos del centro urbano.

En Berlín, las propinas no son necesarias, aunque es habitual añadir un 5 o 10 % en los restaurantes si el servicio es bueno.

Viajeros con necesidades específicas

Berlín es una ciudad bien equipada para los visitantes con requisitos de movilidad. Las aceras están rebajadas en los cruces y la mayoría de edificios públicos, centros comerciales y cines disponen de ascensores, rampas y puertas más anchas. La **Cruz Roja Alemana (DRK)** alquila sillas de ruedas.

Los trenes S-Bahn y U-Bahn están adaptados para sillas de ruedas, pero no hay ascensores en todas las estaciones. En el U-Bahn, hay que esperar al inico del andén y el conductor hará salir la rampa. En el S-Bahn, hay que hablar con el jefe de estación. Los planos BVG muestran qué estaciones son accesibles. Los autobuses con el símbolo de la silla de ruedas disponen de rampa.

La *app* gratuita **accessBerlin** *(p. 172)* contiene información sobre las rutas más accesibles de la ciudad. La asociación de ciegos y discapacitados visuales, la **Allgemeiner Blinde-nund Sehbehindertenverein,** ofrece consejos prácticos e información útil.

Allgemeiner Blinden-und Sehbehindertenverein
W absv.de
Cruz Roja Alemana (DRK)
W drk-berlin.de/reservierung.html

Idioma

El alemán es el idioma oficial, pero Berlín es una ciudad internacional y el inglés está casi igual de extendido. La mayoría de los berlineses hablan inglés y es fácil comunicarse en tiendas y restaurantes sin hablar palabra de alemán, aunque se agradace ser capaz de añadir algún detalle en el idioma local.

Horarios

Durante la semana, las tiendas pequeñas abren desde las 9.00 o 10.00 hasta las 19.00, y los grandes almacenes suelen cerrar a las 22.00. Los hipermercados abren de 8.00 a 22.00. Los sábados casi todo cierra a las 16.00. Las tiendas de las estaciones de tren grandes y las de conveniencia *(spätkauf)* abren hasta las doce de la noche, y también los domingos.

Los bancos del centro de la ciudad abren de 9.00 a 16.00 de lunes a miércoles, hasta las 18.00 los jueves y hasta las 14.00 los viernes. Las oficinas de correos grandes abren de 8.00 a 18.00 de lunes a viernes y por lo menos hasta el mediodía los sábados. Las farmacias abren de 9.00 a 19.00 de lunes a viernes y hasta las 16.00 los sábados.

Los museos públicos suelen abrir de 10.00 a 18.00; muchos cierran los lunes. Colegios, oficinas de correos y bancos cierran los festivos y las tiendas, los museos y los monumentos cierran más temprano o incluso todo el día.

Las circunstancias pueden cambiar repentinamente. Antes de visitar museos, monumentos u otros lugares de interés consulte los horarios actualizados y las formalidades de reserva.

Seguridad personal

Berlín es una ciudad relativamente segura, pero conviene aplicar el sentido común. Los carteristas abundan, sobre todo en lugares turísticos. Contactar con la embajada en caso de robo del pasaporte o si se ha sufrido un delito o accidente serio.

Los alemanes, y los berlineses en particular, suelen aceptar sin problema a toda persona, sin excepción de raza, género u orientación sexual. A pesar de su reputación liberal y tolerante, Alemania legalizó la hosexualidad en 1994. Aunque la comunidad LGTBIQ+ disfruta de gran libertad en Berlín, la tolerancia falla en ocasiones. En caso de no sentirse seguro, **Safe Space Alliance** le indicará el refugio más cercano.

El teléfono de atención gratuito **Maneo**, a cargo de **Mann O Meter**, apoya a víctimas de comportamientos homófobos. **Lesbenberatung** es un espacio seguro para lesbianas, que ofrece ayuda, consejo y asesoramiento a mujeres y personas trans.

Lesbenberatung
 lesbenberatung-berlin.de
Maneo
 maneo.de
Mann-O-Meter
 mann-o-meter.de
Safe Space Alliance
 safespacealliance.com

Salud

Berlín es conocida por su sistema de salud universal. Los servicios de urgencias son gratuitos *(p. 171)* para los ciudadanos de la UE presentando la **Tarjeta Sanitaria Europea (TSE)**, aunque puede que tengan que adelantar el pago y reclamar la devolución del importe después. Quienes procedan de fuera de la UE han de responsabilizarse del pago de los gastos médicos por lo que es recomendable contratar un buen seguro médico *(p. 170)*.

En caso de un problema de salud leve o de disponer de receta, acuda a una farmacia *(apotheken)*. Después de las 20.00, en la puerta de las farmacias aparecerá información sobre el establecimiento de guardia más cercano o bien consulte la página **Apothekerkammer**.
Apothekerkammer
 akberlin.de

Tabaco, alcohol y drogas

En Alemania está prohibido fumar en los lugares públicos, incluidos bares, cafés, restaurantes y hoteles. La posesión de narcóticos está terminantemente prohibida y puede conllevar penas de cárcel.

DE UN VISTAZO

NÚMEROS DE EMERGENCIA

EMERGENCIA GENERAL

112

POLICÍA

110

ZONA HORARIA
El horario de verano europeo (CEST) comprende desde finales de marzo hasta finales de octubre

AGUA DEL GRIFO
A menos que se indique lo contrario, el agua del grifo de Berlín es potable.

PÁGINAS WEB Y *APPS*

Visit Berlin
La página de información turística oficial de la ciudad *(visitberlin.de)*
accessBerlin
Una aplicación gratuita sobre las rutas más accesibles en la ciudad.
BVG FahrInfo Plus
Información actualizada sobre salidas y horarios de la empresa de transporte BVG.
Berlin Wall Art
Esta *app* gratuita reconstruye el telón de acero con fotos del Muro de Berlín.

A menos que se especifique, se permite consumir alcohol en la vía pública y en los parques. Se aplica un estricto límite de alcoholemia de 0.05 % de alcohol en sangre.

Carné de identidad
Aunque no es obligatorio llevar en todo momento una identificación, puede que sea necesario mostrarla en un control rutinario. En caso de no llevarla consigo, la policía puede que le acompañe adonde la tenga depositada y que así pueda mostrársela.

Costumbres
Alemania tiene una legislación muy estricta relacionada con el discurso del odio y con los símbolos vinculados a Hitler y el nazismo. Un comportamiento irrespetuoso en lugares públicos puede conllevar una multa, o incluso la presentación de cargos. Hay que ser respetuoso al visitar lugares y monumentos históricos y prestar atención a las indicaciones sobre la prohibición de realizar fotografías. Algunos visitantes han recibido serias críticas por subir a redes sociales fotos tomadas en lugares como el Holocaust-Denkmal *(p. 93)*.

En las visitas a iglesias, sinagogas y otros edificios religiosos se pide decoro.

Teléfonos móviles y wifi
Los viajeros que visiten Berlín con una tarifa de la UE podrán utilizar sus dispositivos sin verse afectados por tarifas de *roaming*; pagarán la misma tarifa por datos, SMS y llamadas de voz que si estuviesen en origen. Se recomienda a quienes no dispongan de una tarifa de la UE que adquieran un plan internacional para reducir gastos. Berlín cuenta con más de 400 puntos con conexión de Internet inalámbrica, muchos de ellos gratuitos. Los cafés y restaurantes suelen permitir el uso gratuito de su wifi siempre que se vaya a consumir.

Turismo responsable
Berlín es una de las ciudades más sostenibles del mundo. Los viajeros pueden contribuir a la reducción de emisiones caminando o circulando en bici por la ciudad, consumiendo comida sostenible y de proximidad, y utilizando bolsas y botellas de agua reutilizables.

Correos
El servicio postal alemán es eficiente, fiable y rápido. Las oficinas de correos y las máquinas expendedoras venden sellos.

Los buzones suelen tener dos ranuras: *Postleitzahlen* (códigos postales) 10000-169999 para direcciones en Brandeburgo y Berlín, y *Andere Postleitzahlen* (otros códigos postales) para el resto de destinos alemanes y extranjeros.

Deutsche Post
w deutschepost.de

Impuestos y devoluciones
El IVA en Alemania es del 19 %. Los no residentes en la UE tienen derecho a que se les devuelva el impuesto en algunos casos, para lo que tendrán que pedir una factura y los documentos de exportación *(ausfuhrbescheinigung)* al adquirir un producto. Al abandonar el país, hay que presentar estos documentos, junto con el recibo y el documento de identidad en la aduana.

Tarjetas de descuento
La **Berlin WelcomeCard** ofrece la entrada gratuita a 30 lugares de interés y descuentos en más de 200. También permite el uso gratuito e ilimitado del transporte público durante la estancia en Berlín.

La **Berlin Pass** permite entrar de forma gratuita a más de 60 monumentos, museos y visitas guiadas, y posee la opción de una tarjeta de transporte integrada.

La **Berlin City Tour Card** supone un descuento del 30 % en los 10 lugares de interés más importantes y uso gratuito e ilimitado del transporte público.

Berlin City Tour Card
w citytourcard.com
Berlin Pass
w berlinpass.com
Berlin WelcomeCard
w berlin-welcomecard.de

DÓNDE ALOJARSE

Desde lujosos hoteles reminiscentes de los dorados años 20 hasta establecimientos modernos con un espíritu *underground*, Berlín ofrece opciones tan interesantes como la ciudad misma. Escoger una zona depende de las prioridades: los hoteles del Kreuzberg y Friedrichshain están cerca de la vida nocturna, mientras que zonas céntricas como Alexanderplatz están a tiro de piedra de los grandes monumentos. También se puede explorar el lado más singular de Berlín y alojarse en un camping cubierto o en una antigua prisión.

> **PRECIOS**
> Por habitación doble (con desayuno, si está incluido), impuestos y otros cargos.
>
> € menos de 120 €
> €€ 120-250 €
> €€€ más de 250 €

Centro de Berlín: Unter den Linden

Hotel Luc, Autograph Collection
L4 · Charlottenstr. 50 · marriott.com · €€€

Con sus pinceladas de azul prusiano en paredes, sofás y jarrones, el Hotel Luc es una cápsula del tiempo de elegancia prusiana. Una estancia aquí despertará su curiosidad sobre el legado de Prusia, con cuestiones como por qué es la patata la mascota oficiosa de la Alemania prusiana; el código QR de recepción, situado junto a la cesta de patatas, lo desvelará.

Château Royal Berlin
K3 · Neustädtische Kirchstr. 3 · chateauroyal berlin.com/de · €€€

En este sofisticado hotel, no hay detalle del diseño dejado al azar, con habitaciones singulares y *suites* con arte contemporáneo y mobiliario de roble a medida. El estilo es elegante y acogedor; el bar de cócteles y la azotea son lugares de reunión de artistas locales.

Hotel de Rome
K4 · Behrenstr. 37 · roccofortehotels.com · €€€

Las cinco estrellas se pagan en el Hotel de Rome. Lógico, estando ubicado en un banco del siglo XIX. Las elegantes columnas de mármol y la escalera de hierro rememoran su pasado, mientras que la cámara acorazada y el despacho del director se han actualizado y albergan una piscina y *suites* históricas respectivamente.

Centro de Berlín: Sheunenviertel

Monbijou Hotel
J5 · Monbijoupl. 1 · monbijouhotel.com · €

Este alojamiento económico resulta especialmente apetecible en los fríos meses invernales, cuando el crepitar de la chimenea crea un ambiente acogedor en el bar y el salón. ¿Es verano? La azotea y sus vistas panorámicas le dejarán sin aliento.

The Circus Hotel
G2 · Rosenthaler Str. 1 · circus-berlin.de · €€

Prácticas de yoga, alquiler de bicicletas, paseos guiados sobre arte callejero: este hotel ofrece actividades de la mañana a la noche. Y para descansar, visite el maravilloso patio ajardinado o saboree una cerveza en el bar *Lost My Voice*.

Gorki Apartments
G2 · Weinbergsweg 25 · gorkiapartments.com · €€€

Los lujosos apartamentos Gorki miman los detalles: ducha efecto lluvia, bañera, cocina americana y secador. Las habitaciones, con timbre y buzón propio, además de piezas de mercadillo decorando el interior, parecen un segundo hogar (si bien situado junto a Rosenthaler Platz y rodeado de algunos de los mejores restaurantes de Berlín).

Dónde alojarse 175

St Christopher's Inn Berlin Mitte
📍 J4 🏠 Ziegelstr. 28
🌐 st-christophers.co.uk/berlin · €

Si lo que importa no es tanto la habitación sino con quién se comparte, este es su hostal. La vida social es la razón de ser de St Christopher's Inn: los clientes charlan en la azotea hasta altas horas, toman algo en el bar de deportes y se conocen durante los paseos guiados gratuitos.

Hotel Telegraphenamt
📍 J5 🏠 Monbijoustr. 11
🌐 telegraphenamt.com · €

Ubicado en la que fuera mayor sede de correos de Alemania, sobre este hotel hay mucho que escribir. Situado a unos minutos de la Museumsinsel, posee magníficos interiores neobarrocos y vistas al Monbijou Park. Aunque lo que le distingue del resto es su increíble restaurante, ROOT: cocina del mundo bajo el techo de un invernadero.

Centro de Berlín: en torno a Alexanderplatz

Radisson Collection Hotel, Berlin
📍 J6 🏠 Karl-Liebhnecht-Str. 3 🌐 radissonhotels.com · €€

A orillas del Spree, el Radisson cumple muchos deseos: localización, cercanía a grandes monumentos, vistas de ensueño del río y la Berliner Dom, elegantes habitaciones y personal amable. Después de un día de turismo, nada como su relajante *spa*.

Tiergarten y el Distrito Federal

Motel One Berlin-Potsdamer Platz
📍 L3 🏠 Leipziger Str. 132
🌐 motel-one.com · €

En vez de una noche en el museo, una noche en el centro comercial, en el fabuloso Mall of Berlin. No solo es económico (para poder así ir de compras), sino que además está cerca de varios lugares de interés.

The Mandala Hotel
📍 L2 🏠 Potsdamer Str. 3
🌐 themandala.de/de · €

¿Un lugar tranquilo en el centro de la ciudad? Ese es el Mandala Hotel. Aunque está situado en la bulliciosa Potsdamer Platz, su interior es un refugio de paz, tanto que ha alojado a famosos en busca de privacidad: el masaje de piedras calientes y el restaurante con estrellas Michelin son solo dos extras más.

Arte Luise Kunsthotel
📍 J3 🏠 Luisenstr. 19
🌐 luise-berlin.com · €€

Conocido como la "galería hotel", este artístico establecimiento es Berlín por los cuatro costados. Cada una de las 50 habitaciones han sido diseñadas por un artista e incluso dispone de una galería que acoge eventos. Además, al estar situado en Unter den Linden, las famosas galerías y museos de la ciudad están muy cerca (aunque no le harán falta).

Lulu Guldsmeden Hotel
📍 L2 🏠 Potsdamer Str. 67
🌐 guldsmedenhotels.com/lulu-guldsmeden · €€

Este hotel se toma en serio la sostenibilidad. Los productos del baño y las sábanas son ecológicos, las habitaciones estilo loft incorporan materiales naturales como el bambú, y la comida y la bebida tienen certificación ecológica. Incluso su periódico, con consejos sobre la ciudad, tiene certificación ecológica. Para leerlo, mejor en su plácido patio.

SO/ Berlin Das Stue
📍 E4 🏠 Drakestr. 1
🌐 so-berlin-das-stue.com · €€€

Hay algo para todo el mundo en este hotel: para los niños, sus ventanales hasta el techo con vistas al Tiergarten y entrada privada al zoo de Berlín; para los adultos, el interior, con su elegante bar y la impresionante escalera de mármol.

InterContinental Berlin
📍 D4 🏠 Budapester Str. 2
🌐 berlin.intercontinental.com · €€€

El InterContinental es pura alfombra roja desde hace décadas y muchas personalidades, desde George W. Bush hasta Tom Hanks, han pasado por aquí. Siga su ejemplo y disfrutará de prácticas sostenibles galardonadas, *spa* de alto nivel y restaurante con estrella Michelin y vistas del perfil urbano. Y si no ve a ningún famoso, saborear un cóctel en el Marlene Bar (en honor de la berlinesa Marlene Dietrich) es casi mejor.

Charlottenburg y Spandau

Max Brown Hotel Ku'damm
📍 C6 🏠 Uhlandstr. 49
🌐 maxbrownhotels.com/kudamm-berlin · €

Los detalles son lo que hacen de un hotel una segunda casa: camas cómodas en las que acurrucarse, pequeñas teteras para una tacita de té o tocadiscos para escuchar vinilos. Si a eso se añaden pan horneado en el hotel y sofisticadas tiendas y bares en la puerta, cualquiera querría mudarse.

Hotel Bristol Berlin
📍 C5 🏠 Kurfürstendamm 27 🌐 bristolberlin.com · €€

El Hotel Bristol es un icono de Berlín. El primer hotel de lujo tras la Segunda Guerra Mundial, pronto se convirtió en sinónimo de lo más selecto de la ciudad, con clientes como Alfred Hitchcock y Sophia Loren. Mantiene su *glamour*, en parte gracias a su localización en Ku'damm y su magnífica piscina cubierta. Destacan los famosos Crêpes Suzette, flambeados en la propia mesa.

Wilmina Hotel
📍 B4 🏠 Kantstr. 79
🌐 wilmina.com · €€

Pasar la noche en la cárcel no suele ser sinónimo de vacaciones, excepto si se trata de Wilmina, una prisión de mujeres entre 1896 y 1985. Tras una singular transformación, las puertas originales de las celdas conducen a elegantes habitaciones. Comida alemana contemporánea en su restaurante.

Provocateur Hotel
📍 B5 🏠 Brandenburgische Str. 21 🌐 provocateur-hotel.com · €€

El espíritu de los dorados años 20 sigue vivo en Provocateur. Sillones de terciopelo, bar con toques dorados y paredes oscuras en las zonas comunes definen un ambiente seductor. La temática continúa en las habitaciones, con lámparas de araña, cabeceros rojos y azulejos negros en los baños. El ascensor dorado, original de 1911, lleva a las *suites*.

Sir Savigny Hotel
📍 B4 🏠 Kantstr. 144
🌐 sirhotels.com/en/savigny · €

A quien le cueste dormir en una cama de hotel, debería ir a Sir Savigny. Sus camas son de ensueño, con sábanas y almohadones en algodón de 300 hilos y colchones en los que dejarse caer. El lugar ideal para descansar tras un día en la ciudad.

Kreuzberg, Schöneberg y Neukölln

Hüttenpalast
🏠 Hobrechtstr. 65/66
🌐 huettenpalast.de · €

Hüttenpalast es el primer camping de caravanas cubierto. Aquí, las caravanas antiguas restauradas están adornadas con mobiliario hecho de cajas de vino y las zonas comunes, que están decoradas con plantas, se iluminan por la noche. También hay seis habitaciones de hotel tradicionales con baño, pero ¿qué gracia tiene eso?

Orania Berlin
📍 L5 🏠 Oranienstr. 40
🌐 orania.berlin · €€

Su emplazamiento es ideal para disfrutar de la vida nocturna del Kreuzberg. Además, las noches empiezan bien en Orania con conciertos de jazz, soul y pop en el bar, un sitio perfecto para conocer gente antes de salir por los bares y discotecas de la zona. Y

Dónde alojarse

al volver, le aguardan mullidas camas.

The Yard Hotel
📍 L6 🏠 Alexandrinenstr. 125 🌐 hotel-theyard.berlin · €€

Nadie pensaría que algunos de los monumentos más famosos de la ciudad como el Museo Judío o Checkpoint Charlie están a tan solo unos pasos, porque este hotel en el Kreuzberg es un oasis de paz, minimalista, luminoso y lleno de plantas. Si los tonos tierra no son suficientemente relajantes, se puede reservar en su *spa*.

Prenzlauer Berg

Hotel Oderberger
📍 G1 🏠 Oderberger Str. 57 🌐 hotel-oderberger.berlin · €€

La piscina tiene un protagonismo especial en este hotel situado en una casa de baños pública del siglo XIX bellamente reformada. Pero hay mucho más, como los desayunos veganos, los productos orgánicos y los tratamientos de belleza en la habitación.

Linnen
📍 G1 🏠 Eberswalder Str. 35 🌐 linnenberlin.com · €€

Aquí todo está enfocado para hacer sentir como en casa. La recepción sirve también de acogedor café, donde los amables propietarios reciben a los huéspedes y dan consejos para la visita. Seis habitaciones, además de apartamentos y estudios, todos provistos de artículos de aseo orgánicos.

Sureste de Berlín

Michelberger Hotel
🏠 Warschauer Str. 39-40 🌐 michelbergerhotel.com/en · €

Si el objetivo son las mejores discotecas de Berlín, el corazón de Friedrichshain es un buen punto de partida. Situado en una antigua fábrica, el lugar tiene estilo y personalidad, apreciable mientras se disfruta de una bebida en los sofás del vestíbulo o leyendo un libro de sus estanterías.

nhow
🏠 Stralauer Allee 3 🌐 nh-hotels.com/en/hotel · €

¿Una guitarra eléctrica en la habitación? ¿Un altavoz con *bluetooth*? El primer hotel musical europeo lo tiene todo. Situado a orillas del Spree, es alocado y maravilloso, con tonos rosa fucsia, mobiliario contemporáneo y ascensores con su propia lista de reproducción.

Grunewald y Dahlem

Schlosshotel Berlin by Patrick Hellmann
🏠 Brahmsstr. 10 🌐 schlosshotelberlin.com · €€€

¿Qué tienen Josephine Baker, Paul McCartney y los Rolling Stones en común? Haberse alojado en este elegante hotel renacentista (aunque solo uno destrozó valiosos jarrones durante su estancia). Aparte del famoseo, Schlosshotel Berlin es perfecto para caminar por los senderos del bosque Grunewald.

Potsdam y Sanssouci

Hotel Brandenburger Tor Potsdam
🏠 Brandenburger Str. 1 🌐 hotel-brandenburger-tor.de · €€

El edificio del siglo XVIII que lo alberga es magnífico pero la localización se lleva el premio: la puerta histórica de la ciudad, Sanssouci Palace y el barrio holandés están a unos pasos. La terraza a pie de calle ofrece unas interesantes vistas del entorno.

The niu Amity
📍 L3 🏠 Leipziger Str. 1/Bloch J 🌐 the.niu.de/hotels · €

Si se echan de menos esos días de acampada de juventud, este es el hotel adecuado. Insignias de *boy scout* por las paredes, mesas comunales para desayunar y cómodos asientos en torno a una hoguera de interior. El hotel recompensa a los clientes por ahorrar agua y electricidad: renunciar a que hagan la habitación se premia con una bebida gratis en el bar. ¡Tres hurras por ello!

ÍNDICE

Los números en **negrita** hacen referencia a las entradas principales.

A

A pie 169
 recorridos gratuitos a pie 84
 ver también Itinerarios
Abonos 85, 173
Adlon Kempinski Berlin 23, 93
Admiralspalast 96
Aduanas
 información 170
Aeropuerto Berlin-Brandenburg 166, 167
Agua del grifo 172
Ahorrar en Berlín 85
Akademie der Künste 22
Albrecht der Bär 9
Alcohol 172-173
Alemania
 división 11
 reunificación 11, 25
 unificación 9
Alemania Occidental *ver* República Federal de Alemania
Alemania Oriental *ver* República Democrática Alemana
Alexanderplatz 109, 111
 ver también Centro de Berlín: en torno a Alexanderplatz
Alexandrowka 162
Aliiertenmuseum 154, 155
Alojamiento 174-177
 centro de Berlín: en torno a Alexanderplatz 175-176
 centro de Berlín: Scheunenviertel 174-175
 centro de Berlín: Unter den Linden 174
 Charlottenburg y Spandau 176
 Grunewald y Dahlem 177
 Kreuzberg, Schöneberg y Neukölln 176-177
 Prenzlauer Berg 177
 sureste de Berlín 177
Altar de Pérgamo 36
Alte Kommandantur 96
Alte Nationalgalerie 35, 36, 37, 56, 92
Alte Schönhauser Strasse 104

Altes Museum 34, 36, 61, 92
Altes Rathaus (Potsdam) 161, 162
Altes Schloss (Charlottenburg) 42
Anhalter Bahnhof 134, 135
Antigüedades 83, 129
Antik- und Buchmarkt am Bode-Museum 83
Antik- und Flohmarkt Strasse des 17. Juni 83
Anton-Wilhelm-Amo Strasse 93
Appelt, Dieter 25
Apps 172
Arquitectura
 Federico el Grande 91
 Kulturforum 49
 nazi 94
 Potsdamer Platz 33
Art and Fashion House Quartier 206 82
Arte
 arte callejero 13
 colecciones de arte *ver* Museos y colecciones de arte
Artes escénicas *ver* Ocio
Artesanía
 compras 113
Asisi's Wall Panorama 136
Atletismo 87
Augustrasse 104
Autobús, viaje en 85, 168
 larga distancia 167
Averías 169
Avión, viaje en 166, 167

B

Baile 75, 76-77
Bar jeder Vernunft 72
Barco, travesías en
 crucero por el Spree 13, 67
 ferris públicos 168
 lagos 67
 Landwehrkanal 67
 Neuer See 120
Bares y pubs 77-79
 centro de Berlín: en torno a Alexanderplatz 114
 centro de Berlín: Scheunenviertel 106
 centro de Berlín: Unter den Linden 98
 Kreuzberg, Schöneberg y Neukölln 138
 LGTBIQ+ 74, 75
 sureste de Berlín 150
Barrios 68-69, 85

Bebelplatz 27, 91
Bebidas *ver* Comida y bebida
Beckett's Kopf 78
Belvedere (Charlottenburg) 43
Berber, Anita 9
Berghain 77, 150
Berlin, batalla de 10
Berlin, puente aéreo de 10
Berlin, sureste de *ver* Sureste de Berlín
Berlin, suroeste de *ver* Grunewald y Dahlem
Berlín en familia 70-71
Berlín gratis 84-85
Berlín Occidental 11
Berlin Story Bunker 134
Berliner Dom 35, 58, 95
Berliner Ensemble 103, 104
Berliner Fernsehturm 109, 111
Berliner Filmfestspiele 86
Berliner Neujahrslauf 87
Berliner Stadtschloss 9, 10, 95
Berlinische Galerie 57, 135
Bibliotecas
 Bibliothek (Charlottenburg) 44
 Kunstbibliothek 47
 Staatsbibliothek 47
Bicicletas
 sistema público 169
Bikini Berlin 38-39
Billetes
 transporte público 167
Bismarck, Otto von 9, 39
Blockhaus Nikolskoe 156
Bloque oriental 11
Bode-Museum 34, 36, 92
Boros, colección de arte contemporáneo 104
Botanischer Garten 66, 155
Botticelli, Sandro
 Virgen con el Niño y un coro de ángeles 48
Boulevard der Stars 31
Bratwurst 80
Brecht, Bertolt 64, 104
 Brecht-Weigel Gedenkstätte 102, 103
Breitscheidplatz 38
Britzer Schloss y jardines 67
Bröhan-Museum 57
Brücke-Museum 56
Brüderstrasse 111, 112
Brueghel, Pieter
 Proverbios flamencos 48
Bundeskanzleramt 63
Burger, Reinhold 65

Índice   179

C

C/O Berlin 57
Cabaret 9
Cabeza verde de Berlín 36, 37
Café M 79
Cafés
   centro de Berlín: en torno
     a Alexanderplatz 114
   Charlottenburg y Spandau
     130
Calzado
   compras 82, 97, 137
Campos de concentración 28
Canales
   Landwehrkanal 67, 120
Caravaggio
   Cupido victorioso 48
Carillón 119, 120
Carné de identidad 173
Carreras al trote 87
Carreras ciclistas 87
Casino 31, 33
Castillos y fortificaciones
   Puerta de Brandeburgo
     (Potsdam) 162
   Stadtmauer 112
   Zitadelle Spandau 122, 127
   ver también Palacios
Cementerios
   cementerio judío 142, 143
   Dorotheenstädtischer
     Friedhof 102
   Friedhof Hallesches Tor 136
Centro de Berlín: en torno a
   Alexanderplatz 108-115
   compras 113
   dónde alojarse 175-176
   dónde comer 115
   itinerario 111
   lugares de interés 109-112
   plano 108-109
   pubs, cafés y cervecerías
     114
Centro de Berlín:
   Scheunenviertel 100-107
   dónde alojarse 174-175
   dónde comer 107
   itinerario 103
   lugares de interés 101-105
   patios antiguos 105
   plano 100-101
   pubs, bares y discotecas
     106
Centro de Berlín: Unter den
   Linden 90-99
   bares y *pubs* 98
   compras 97
   dónde alojarse 174
   dónde comer 99
   itinerarios 93, 95
   lugares de interés 91-99
   plano 90-91
Centros comerciales 97, 113

Cervecerías
   centro de Berlín: en torno a
     Alexanderplatz 114
   ver también Bares y *pubs*
Cerveza 81
Chamäleon-Varieté 72
Charité 104
Charlottenburg 68
   historia 126
   ver también Charlottenburg
     y Spandau
Charlottenburg y Spandau
   122-131
   cafés y cafeterías 130
   compras 129
   dónde alojarse 176
   dónde comer 131
   itinerarios 125, 127
   lugares de interés 122-128
   plano 122-123
Chipperfield, David 37
Chocolaterías 97, 137
Christi-Auferstehungs-
   Kathedrale 58
Churchill, Winston 160
Ciclismo 87, 169
Cine
   Berliner Filmfestspiele 86
   Boulevard der Stars 31
   Deutsche Kinemathek 30,
     32
   Filmpark Babelsberg 70,
     162
   Marstall (Filmmuseum)
     161
   Zoo Palast 38
   ver también Ocio
CityCube 86, 126
Cómics
   compras 113
Comida vegana 81
Comida y bebida
   bebidas 81
   comida callejera 12
   comida local 80-81
   ferias de alimentación 86
   tiendas de alimentación 82,
     129
Complementos
   compras 97
Compras 82-83
   Bikini Berlin 38-39
   centro de Berlín: en torno a
     Alexanderplatz 113
   centro de Berlín: Unter den
     Linden 97
   Charlottenburg y Spandau
     129
   Europa-Center 39
   Kreuzberg, Schöneberg y
     Neukölln 138
Consejos oficiales 170
Correos 173

Cosméticos
   compras 97
Costumbres 173
Cranach el Viejo, Lucas
   Retrato de Martín Lutero 28
Crucifijo de Coventry 41
Cuadriga 22
Cupido victorioso (Caravaggio)
   48
Currywurst 80, 144

D

Dahlem *ver* Grunewald y
   Dahlem
*Dama bebiendo con un
   caballero* (Vermeer) 48, 56
Dampfmaschinenhaus 162
Das Center am Potsdamer
   Platz 30, 62
DDR Museum 96
Delincuencia 171-172
Denario con retrato de
   Carlomagno 36
Denkmal Benno Ohnesorg
   128
Deportes 87
Der Bevölkerung (instalación)
   25
Deutsche Kinemathek 30, 32
Deutsche Oper 72, 128
Deutscher Dom 92
Deutsches Historisches
   Museum 27, 28, 54
Deutsches Technikmuseum
   54, 70, 133
Deutsches Theater 72-73, 104
Deutsches Traberderby 87
Deutsch-Russisches Museum
   149
Devolución de impuestos 85,
   173
DFB-Pokalfinale 87
Día de puertas abiertas 84
Día del Orgullo Gay 74, 86
Dietrich, Marlene 30, 31, 32,
   64
Dinero 171
Diplomatenviertel 118, 119
Discos
   compras 137
Discotecas 76-77
   centro de Berlín:
     Scheunenviertel 106
   Kreuzberg, Schöneberg y
     Neukölln 138
   LGTBIQ+ 74, 75
   sureste de Berlín 150
Diseño
   compras 83
Distrito Federal *ver* Tiergarten
   y el Distrito Federal
División/ocupación aliada
   10-11

180 Índice

Documentación 170
Doedens, Bruno 33, 49
Domäne Dahlem, museo al aire libre 156
Donatello
  Madonna Pazzi 36
Döner kebab 80
Dorotheenstädtischer Friedhof 102
Drogas 172
Durero, Alberto
  Retrato de Hieronymus Holzschuher 48
DZ Bank de la Pariser Platz 22, 63

E

E & M Leydicke 78, 138
East Side Gallery 85, 148
Edicto de Potsdam 8
Edificios históricos
  Alte Kommandantur 96
  Altes Rathaus (Potsdam) 161, 162
  Anhalter Bahnhof 134, 135
  Blockhaus Nikolskoe 156
  Dampfmaschinenhaus 162
  Embajada de Estonia 120
  Embajada de Rusia 27, 95
  Forum Fridericianum 91, 95
  Frederick's (antiguo Grand Hotel Esplanade) 31, 33
  Gasometer Schöneberg 136
  Gedenkstätte Hohenschönhausen 148
  Grunewaldturm 156
  Hackesche Höfe 61, 101, 103
  Hamburger Bahnhof 57, 118
  Haus der Wannsee-Konferenz 154-155
  Haus Liebermann 23
  Hochbunker 104
  Hotel Adlon Kempinski Berlin 23, 93
  Humboldt-Universität 26
  Iduna-Haus 39
  Jüdisches Gemeindehaus 128
  Kammergericht 136
  Kulturbrauerei 141
  Kurfürstendamm 39
  Ministerio Federal de Finanzas 93, 94
  Mosse-Haus 136
  Neuer Pavillon (Charlottenburg) 43
  Olympiastadion 10, 127, 128
  Onkel Toms Hütte 156
  patios antiguos 105
  Postfuhramt 103
  Puerta de Brandeburgo (Potsdam) 162
  Rathaus Schöneberg 136
  Reichstag **24-25**, 60, 84, 117, 119
  Riehmers Hofgarten 135
  Rotes Rathaus 60, 109, 111
  Stadtgericht 112
  Teufelsberg 66
  torreta de tráfico 38
  Villa von der Heydt 119
  villas de Grunewald 154
  Wasserturm 142, 143
  Weinhaus Huth 30
  WMF-Haus 96
  Zeughaus 29, 61
  ver también Castillos y fortificaciones; Iglesias y catedrales; Monumentos; Museos y colecciones de arte; Ocio; Palacios; Sinagogas
Edificios modernos
  Akademie der Künste 22
  Berliner Fernsehturm 109, 111
  Bundeskanzleramt 63
  Das Center am Potsdamer Platz 30, 62
  DZ Bank de la Pariser Platz 22, 63
  edificio Libeskind 50
  Embajada de Estados Unidos 23
  Embajada de Francia 23
  Eugen-Gutmann-Haus 23
  Funkturm 126, 127
  Hauptbahnhof 62
  Kant-Dreieck 63
  Kollhoff-Tower 31
  Le-Corbusier-Haus 128
  Ludwig-Erhard-Haus 63
  Neues Kranzler Eck 39
  Nordische Botschaften 63
  Quartiere 205-207
Friedrichstrasse 62
  ver también Museos y colecciones de arte; Ocio
Egipto, antiguo 34, 36, 37
Eichengalerie (Charlottenburg) 44
Eichmann, Adolf 154
Einstein, Albert 64
Eisbein 80
Eisenman, Peter 85
El árbol solitario (David) 36
El gabinete del doctor Caligari 32
El nacimiento de Cristo (Schongauer) 48
El nacimiento de Cristo (Tiziano) 48
El niño que reza 36
El sombrero de oro de Berlín 36
Embajada de Estados Unidos 23
Embajada de Estonia 120
Embajada de Francia 23
Embajada de Rusia 27, 95
Embarcaderos 120
Emergencias
  números 172
En coche 168-169
Enchufes 170
Engels, Friedrich 110
Englischer Garten 120
Ephraim-Palais 111
Erzgebirgischer Weihnachtsmarkt 113
Espacios seguros 172
Estilo de vida
  compras 83, 125, 129
Eugen-Gutmann-Haus 23
Europa y Asia 28
Europa-Center 39
Experiencias, Berlín 12-13

F

Faláfel 80
Farolas del Tiergarten 120
Fasanenstrasse 39, 125
Fashion Week 86
Fauna
  Tierpark Berlin 67, 148, 149
Federico I 45
  Audienzkammer (Charlottenburg) 44
Federico II (Federico el Grande) 8, 45
  Bibliothek (Charlottenburg) 44
  estatua 27, 91
  Neuer Flügel (Charlottenburg) 42
  Neues Palais 159
  Schloss Sanssouci 159
Federico Guillermo, elector de Brandeburgo 8, 45
  estatua 42-43
Federico Guillermo I 45
Federico Guillermo II 43, 45
Federico Guillermo III 44, 45
Federico Guillermo IV 37, 45
Ferris 168
Festivales y eventos 86-87
  día de puertas abiertas 84
  Día del Orgullo Gay 74, 86
  Festival de las Luces 87
Filmpark Babelsberg 70, 162
Fischbrötchen 80
Fontane, Theodor 65
Fortificaciones *ver* Castillos y fortificaciones
Forum Fridericianum 91, 95
Frankfurter Allee 111
Franziskaner-Klosterkirche 112
Französische Friedrichstadtkirche 92
Französische Kirche (Potsdam) 162
Französischer Dom 59, 92
Frases útiles 187-189

Frederick's (antiguo Grand Hotel Esplanade) 31, 33
Freie Universität 156
Friedhof Hallesches Tor 136
Friedrich, Caspar David
 El árbol solitario 36
Friedrichshain 69, 148
Friedrichstadt-Palast 73
Friedrichstrasse 92
Friedrichswerdersche Kirche 59
Fuentes
 Neptunbrunnen 111
 Wasserklops (fuente con forma de globo) 38
Funkturm 126, 127
Fútbol 10, 87
Futurium 71

G

Gasometer Schöneberg 136
Gedenkstätte Berliner Mauer 85
Gedenkstätte Deutscher Widerstand 119
Gedenkstätte Grosse Hamburger Strasse 103
Gedenkstätte Hohenschönhausen 148
Gehry, Frank 22
Gemäldegalerie 47, 48, 49, 56
Gendarmenmarkt 92, 93
Georg-Kolbe-Museum 127, 128
Gethsemanekirche 142
Gipsformerei Staaliche Museen 83
Gloria Victis (Mercié) 28
Glühwein 81
Goldene Galerie (Charlottenburg) 44
Göring, Hermann 94
Grandes almacenes 82, 113
Grassi, Giorgio 33
Green Door 78, 138
Greifenhagener Strasse 144
Grimm, Jacob y Wilhelm 65
Grips-Theater 70
Gris-de-Lin-Kammer (Charlottenburg) 44
Gropius, Martin 56
Grosser Müggelsee 67, 149
Grosser Tiergarten 66, 117, 119
Grosser Wannsee 66, 67
Grüne Woche 86
Grünes Zimmer (Charlottenburg) 44
Grunewald 66, 69
 villas 154
 ver también Grunewald y Dahlem
Grunewald y Dahlem 152-157
 dónde alojarse 177
 dónde comer 157
 itinerario 155

lugares de interés 153-156
 plano 152-153
Grunewaldturm 156
Grupo de las princesas 36
Guerra de los Treinta Años 8, 29
Guerra Fría 10-11, 13
 Cold War Museum 96
 Teufelsberg 156
Guerra Mundial, Primera 9
Guerra Mundial, Segunda 10, 12
 conferencia de Potsdam 160
 Deutsches Historisches Museum 28
 Gedenkstätte Deutscher Widerstand 119
 Haus der Wannsee-Konferenz 154-155
 Kaiser-Wilhelm-Gedächtnis-Kirche 40-41
 ver también Partido Nazi
Guerreros moribundos (Schlüter) 28, 29
Guillermo I, káiser 9, 45
Guillermo II, káiser 9, 45
Gutbrod, Rolf 49

H

Hackesche Höfe 61, 101, 103
Hagen, Nina 65
Hamburger Bahnhof 57, 118
Hauptbahnhof 62
Haus am Checkpoint Charlie 54, 133, 135
Haus der Wannsee-Konferenz 154-155
Haus Liebermann 23
Hebbel am Uffer 73
Heckmann-Höfe 105
Hefner-Alteneck, Friedrich von 63
Hegel, Georg Wilhelm 65
Heilig-Geist-Kapelle 112
Helmholtzplatz 144
Henriette-Herz-Park 49
Heuwer, Herta 65
Hilmer, Heinz 49
Historia 8-11
 berlineses famosos 64-65
 Charlottenburg 126
 innovadores 65
 Spandau y Berlín 125
Historischer-Hafen 112
Hitler, Adolf 10, 29, 119
 Berlin Story Bunker 134
Hobrecht, Plan 8
Hof Augustusstrasse 5A 105
Hoffman, colección de arte 105
Hohenzollern, casa de 8
 Charlottenburg 44
 Mausoleum (Charlottenburg) 43
 mosaico 40

Schloss Bellevue 61
Stadtschloss 95
y Berlín 45
Hohenzollern, Federico de 8, 45
Holbein, Hans
 Retrato del mercader Georg Gisze 48
Holländisches Viertel 160, 161
Holocausto 10
 Haus der Wannsee-Konferenz 154
 Holocaust-Denkmal 85, 93
 Jüdisches Museum Berlin 51
 ropas de los campos de concentración 28
 torre del Holocausto 51
Horarios 171
Hoteles
 Adlon Kempinski Berlin 23, 93
 ver también Alojamiento
House of Weekend 76
Hugonotes 8, 92, 162
Humboldt Forum 91, 95
Humboldt-Universität 26, 91
Husemannstrasse 143

I

Idioma 171
 frases útiles 170, 187-189
Iduna-Haus 39
Iglesias y catedrales 58-59
 Berliner Dom 35, 58, 95
 Christi-Auferstehungs-Kathedrale 58
 Deutscher Dom 92
 Franziskaner-Klosterkirche 112
 Französische Friedrichstadtkirche 92
 Französische Kirche (Potsdam) 162
 Französischer Dom 59, 92
 Friedrichswerdersche Kirche 59
 Gethsemanekirche 142-143
 Heilig-Geist-Kapelle 112
 Kaiser-Wilhelm-Gedächtnis-Kirche 38, **40-41**, 59, 127
 Marienkirche 58, 110, 111
 Nikolaikirche (Potsdam) 161
 Nikolaikirche 58, 110
 Parochialkirche 112
 Schlosskapelle 42
 Sophienkirche 104
 St Matthäuskirche 47, 49
 St-Annen-Kirche 156
 St-Hedwigs-Kathedrale 26, 58, 91
 St-Peter-und-Paul-Kirche (Potsdam) 162
 St-Peter-und-Paul-Kirche 156

182 Índice

Zionskirche 142, 143
Impuestos 85, 173
Internationale
   Funkausstellung (IFA) 87
Internationale Tourismus
   Börse (ITB) 86
Internationales Stadionfest
   (ISTAF) and ISTAF Indoor 87
Isherwood, Christopher 9
Isozaki, Arata 33
Itinerarios
   2 días 14-15
   4 días 16-17
   Paseo: centro histórico 93
   Prenzlauer Berg 143
   Un día cultural 95
   Un día en Charlottenburg
     125
   Un día en el sureste de
     Berlín 149
   Un día en el suroeste 155
   Un día en Kreuzberg 135
   Un día en Potsdam 161
   Un día en Scheunenviertel
     103
   Un día en torno a
     Alexanderplatz 111
   Un día en torno a
     Tiergarten 119
   Un paseo por Spandau y
     Westend 127

J

Jagdschloss Grunewald 154
Jahn, Helmut 33
James-Simon-Galerie 34, 37
Jardín del exilio (Jüdisches
   Museum Berlin) 51
Joyerías 97, 113, 137
Judía, comunidad 10, 102
   cementerio judío 142, 143
   Gedenkstätte Grosse
     Hamburger Strasse 103
   Haus der Wannsee-
     Konferenz 154
   Holocaust-Denkmal 85, 93
   Jüdisches Gemeindehaus
     128
   Jüdisches Museum Berlin
     50-51, 55, 133, 135
   Oranienburger Strasse 101
   ver también Holocausto;
     Sinagogas
Jüdisches Gemeindehaus 128
Jüdisches Museum Berlin
   50-51, 55, 133, 135
Jugendstil 101
Juguetes
   compras 113

K

Kadishman, Menashe
   instalación Shalekhet 51
Käfer im Reichstag 25, 119,
   121
Kaffee und kuchen 81

Kaiser-Wilhelm-Gedächtnis-
   Kirche 38, **40 41**, 59, 127
Kammergericht 136
Kammermusiksaal 46, 62
Kant-Dreieck 63
Karajan, Herbert von 64
Karl-Marx-Allee 111
Karneval der Kulturen 86
Kater Blau 76
Käthe Kollwitz Museum 43,
   122
Kaufhaus des Westens
   (KaDeWe) 82
Kennedy, John F. 136
Kleist, Heinrich von
   tumba 156
Kneipen ver Bares y *pubs*
Knobelsdorff, Georg von 26,
   27, 42, 44, 91, 159
Koch, Robert 64, 104
Kohlbecker, Christian 33
Kolbe, Georg
   Georg-Kolbe-Museum 127,
     128
Kollhoff, Hans 31, 33
Kollhoff-Tower 31
Kollwitz, Käthe 26, 64
   Käthe Kollwitz Museum 43,
     122
Kollwitzplatz 141, 143
Komische Oper 96
Königliche Porzellan-
   Manufaktur (KPM) 82
Königsberger klopse 81
Konnopke's Imbiss 144
Konzerthaus 61, 92
Konzertkammer
   (Charlottenburg) 44
Köpenicker Altstadt 147, 149
Köpenicker Schloss 147, 149
Koppenplatz 104
Kottbusser Tor 136
Kreuzberg 66, 68, 132
   ver también Kreuzberg,
     Schöneberg y Neukölln
Kreuzberg, Schöneberg y
   Neukölln 132-139
   compras 137
   dónde alojarse 176-177
   dónde comer 139
   itinerario 135
   lugares de interés 133-136
   plano 132-133
   pubs, bares y discotecas
     138
Kristallnacht 10
Kronprinzenpalais 26
Krumme Lanke,
   Fischerhüttenweg 67
Kulturbrauerei 141
Kulturforum **46-49**, 117, 119
Kunstbibliothek 47
Kunstgewerbemuseum 46,
   49, 54
Kunsthaus Dahlem 56-57
Kunsthof 105

Kunst-Werke (KW) 105
Kupferstichkabinett 47
Kurfürstendamm **38-39**, 39,
   122-123, 125
KW Institute for
   Contemporary Art 102, 103

L

La comedia francesa
   (Watteau) 48
Labyrinth Kindermuseum 70
Lagos 67
   Grosser Müggelsee 67
   Grosser Wannsee 67, 154
   Krumme Lanke,
     Fischerhüttenweg 67
   Lietzensee 67
   Neuer See 67, 116, 120
   Schlachtensee 67
   Tegeler See, Alt Tegel 67
   Teufelsee, Grunewald 67
Landwehrkanal 67, 120
   esclusas 120
Lang, Fritz 31, 32
Lange Nacht der Museen
   86-87
Lauber, Ulrike 33
Le-Corbusier-Haus 128
LEGOLAND Discovery Centre
   31, 71
Lehmann, Steffen 33
Lehniner Platz 39
Lenné, Peter Joseph 118
Ley del Gran Berlín 9
LGTBIQ+, comunidad 9, 74-75,
   172
Libeskind, Daniel
   edificio Libeskind 50, 51
Librerías 75, 97, 113, 129
Licores 81
Lieberman, Max 35, 56, 142
   Haus Liebermann 23
   Liebermann-Villa 156
Liebknecht, Karl 95
Lietzensee 67
Lilienthal, Otto 65
Límites de velocidad 166
Litfaß, Ernst 65
Lortzing-Denkmal 120
Löwenbrücke 120
Ludwig-Erhard-Haus 63
Lustgarten 35, 61, 96
Lutero, Martín 28

M

Madonna Pazzi (Donatello) 36
Mann-o-Meter 74
Maratón de Berlín 87
Marheineke-Markthalle 137
Mariannenplatz 136
Marienkirche 58, 110, 111
Märkisches Museum 110
Märkisches Ufer 112
Marmorpalais 161
Marstall (Filmmuseum) 161
Martin-Gropius-Bau 56, 135

Índice 183

Marx, Karl 110
Marx-Engels-Forum 110, 111
Mauerpark 83, 85, 144
Maxim-Gorki-Theater 96
Mein Haus am See 77, 106
Meissen, porcelana de 28
Mendelssohn, Moses 103
Mercadillos 13, 83
Mercados 82-83
  Antik- und Buchmarkt am Bode-Museum 83
  Antik- und Flohmarkt Strasse des 17. Juni 83
  centro de Berlín: en torno a Alexanderplatz 113
  Charlottenburg y Spandau 129
  Erzgebirgischer Weihnachtsmarkt 113
  Kreuzberg, Schöneberg y Neukölln 138
  Marheineke-Markthalle 137
  Mauerpark 83, 85, 144
  mercadillos 13, 83
  Türkenmarkt am Maybachufer 83, 137
  Winterfeldmarkt 83, 137
Mercedes-Benz Arena 147
Mercié, Marius Jean Antonin
  Gloria Victis 28
Merkel, Angela 11
Messegelände 126, 127
Metro 168
Metrópolis 32
Mexicoplatz 155
Mies van der Rohe, Ludwig 49
Ministerio Federal de Finanzas 93, 94
Mitte 68, 85
  Paseo: centro histórico 95
Moda 82, 97, 113, 129, 137
Monbijoupark 104
Moneda 170
Moneo, José Rafael 33
Monkey Bar 79
Monumentos
  Denkmal Benno Ohnesorg 128
  Gedenkstätte Deutscher Widerstand 119
  Gedenkstätte Grosse Hamburger Strasse 103
  Holocaust-Denkmal 85, 93
  Kaiser-Wilhelm-Gedächtnis-Kirche 38, **40-41**, 59, 127
  Lortzing-Denkmal 120
  monumento a Dieter Appelt 25
  monumento Weiße Kreuze 25
  Neue Wache 26
  Puerta de Brandeburgo 9, **22-23**, 60, 91, 95
  Siegessäule (columna de la Victoria) 60, 117, 119
  Sowjetisches Ehrenmal 118
Moritz, Johann Gottfired 65
Mosaicos
  Kaiser-Wilhelm-Gedächtnis-Kirche 40
Mosse-Haus 136
Móviles 173
Mshatta, fachada de 36
Münzstrasse 113
Muro de Berlín 11, 28, 33
  Asisi's Wall Panorama 136
  Gedenkstätte Berliner Mauer 85
  Haus am Checkpoint Charlie 54, 133, 135
  murales 85
Museos y colecciones de arte 54-57
  Ägyptisches Museum 34, 36, 54, 92
  Alliertenmuseum 154, 155
  Alte Nationalgalerie 35, 36, 37, 56, 92
  Altes Museum 34, 36, 61, 92
  Berlin Story Bunker 134
  Berlinische Galerie 57, 135
  Bode-Museum 34, 36, 92
  Brecht-Weigel Gedenkstätte 102, 103
  Bröhan-Museum 57
  Brücke-Museum 56
  C/O Berlin 57
  Cold War Museum 96
  colección de arte contemporáneo Boros 104
  colección de arte Hoffman 105
  DDR Museum 96
  Deutsche Kinemathek 30
  Deutsches Historisches Museum 27, 28, 54
  Deutsches Technikmuseum 54, 70, 133
  Deutsch-Russisches Museum 149
  East Side Gallery 85, 148
  entrada gratuita/económica 84-85, 86-87
  Futurium 71
  Gemäldegalerie 47, 48, 49, 56
  Georg-Kolbe-Museum 127, 128
  Hamburger Bahnhof 57, 118
  Haus am Checkpoint Charlie 54, 133, 135
  Humboldt Forum 91, 95
  James-Simon-Galerie 34, 37
  Jüdisches Museum Berlin **50-51**, 55, 133, 135
  Käthe Kollwitz Museum 43, 122
  Kulturforum **46-49**, 117, 119
  Kunstgewerbemuseum 46, 49, 54
  Kunsthaus Dahlem 56
  Kunst-Werke (KW) 105
  Kupferstichkabinett 47
  KW Institute for Contemporary Art 102, 103
  Labyrinth Kindermuseum 70
  Liebermann-Villa 156
  Märkisches Museum 110–111
  Marstall (Filmmuseum) 161
  Martin-Gropius-Bau 56, 135
  museo al aire libre Domäne Dahlem 153
  Museo de Historia de la Medicina 104
  Museum Barberini 159
  Museum Berlin Karlshorst 147
  Museum der Illusionen 71
  Museum Europäischer Kulturen 54, 153, 155
  Museum für Fotographie 125, 126
  Museum für Kommunikation 94-95
  Museum für Naturkunde 55, 70, 102
  Museum Pankow 144
  Museumsinsel 12, **34-37**, 92, 95
  Museumsdorf Düppel 154, 155
  Musikinstrumenten-Museum 46, 55
  Neue Nationalgalerie 46, 49, 62, 119
  Neues Museum 35, 36, 37, 92
  Pergamonmuseum 35, 36, 37, 54, 92
  Porzellankabinet (Charlottenburg) 43
  Puppentheater-Museum 71
  Sammlung Scharf-Gerstenberg 57
  Schwules Museum 75
  Stasi-Museum Berlin 149
  Stilwerk KantGaragen 83, 125, 129
  Topographie des Terrors 134, 135
Museumsinsel 12, **34-37**, 92, 95
Museumsdorf Düppel 154, 155
Música
  bares y discotecas 76-77
  conciertos gratuitos 84
  festivales de música 86, 87
  Kulturforum **46-49**
  sala de música (Jüdisches Museum Berlin) 51
  ver también Ocio
Musikinstrumenten-Museum 46, 55

N

Nadar 67, 149, 155
Napoleón 9, 29

184 Índice

Necesidades específicas, viajeros con 171
Nefertiti, busto de 36
Negwer, Maximilian 65
Neptunbrunnen 111
Nering, Johann Arnold 29
Neue Nationalgalerie 46, 49, 62, 119
Neue Schönhauser Strasse 104
Neue Synagoge 59, 101, 103
Neue Wache 26
Neuer Pavillon (Charlottenburg) 43
Neuer See 67, 116, 120
Neues Kranzler Eck 39
Neues Museum 35, 36, 37, 92
Neues Palais 159, 161
Neukölln 68, 132
 ver también Kreuzberg, Schöneberg y Neukölln
Newton Bar 78
Nikolaikirche (Potsdam) 161
Nikolaikirche 58, 110
Nikolaiviertel 110, 111
Niños 70-71
Nollendorfplatz 135
Nordische Botschaften 63
Normas de circulación 166
Nuevo campanario (Kaiser-Wilhel-Gedächtnis-Kirche) 40

O

Oberbaumbrücke 136
Ocio 72-73
 Admiralspalast 96
 Bar jeder Vernunft 72
 Berliner Ensemble 103, 104
 Chamäleon-Varieté 72
 Deutsche Oper 72, 128
 Deutsches Theater 72, 104
 entradas con descuento 85
 Friedrichstadt-Palast 73
 Grips-Theater 70-71
 Hebbel am Uffer 73
 Kammermusiksaal 46, 62
 Komische Oper 96
 Konzerthaus 61, 92
 Kulturforum 46-49
 Maxim-Gorki-Theater 96
 Mercedes-Benz Arena 147
 Pfefferberg 144
 Philharmonie 46, 62, 72
 The Playce 31
 Prater 141, 143
 Renaissance Theater 128
 Spielbank Berlin 31
 Staatsoper Unter den Linden 26, 72, 91
 Theater am Potsdamer Platz 31
 Theater des Westens 73, 125, 128
 Volksbühne 73
Ocupación francesa 9

Oderberger Strasse 144
Ohnesorg, Benno 128
Olympia 32
Olympiastadion 10, 127, 128
Onkel Toms Hütte 156
Ópera 26, 72, 96
Opernpalais 26
Oraniernburger Strasse 101, 103

P

Páginas web 172
Palacios
 Altes Schloss (Charlottenburg) 42
 Berliner Stadtschloss 10
 Britzer Schloss y jardines 67
 Ephraim-Palais 111
 Jagdschloss Grunewald 154
 Köpenicker Schloss 147, 149
 Kronprinzenpalais 26
 Marmorpalais 161
 Neues Palais 159, 161
 Opernpalais 26
 Palais am Festungsgraben 96
 Palais am Pariser Platz 23
 Palais Podewil 112
 Pfaueninsel 66, 153
 Potsdamer Stadtschloss 162
 Schloss Babelsberg 161, 162
 Schloss Bellevue 61
 Schloss Cecilienhof 160, 161
 Schloss Charlottenburg **42-45**, 60, 123
 Schloss Charlottenhof 160
 Schloss Glienicke 153, 155
 Schloss Sanssouci 159, 161
 Stadtschloss 9, 95
 ver también Castillosy fortificaciones
Papelerías 137
Pariser Platz **22-23**, 95
Parochialkirche 112
Parques y jardines 13, 66-67, 85
 Botanischer Garten 66, 155
 Britzer Schloss y jardines 67
 Englischer Garten 120
 Grosser Tiergarten 66, 117, 119
 Grunewald 66
 Henriette-Herz-Park 49
 jardín del exilio (Jüdisches Museum Berlin) 51
 Kreuzberg 66
 Lustgarten 35, 61, 96
 Marx-Engels-Forum 110, 111
 Mauerpark 83, 85, 144
 Monbijoupark 104
 Pfaueninsel 66, 153
 Schlosspark (Charlottenburg) 43, 66
 Schlosspark Sanssouci 84, 160
 Tempelhofer Feld 84, 87, 136
 Thälmannpark 144

Treptower Park 67, 148
Viktoriapark 66, 134, 135
Volkspark Friedrichshain 67
Partido Nazi 10
 arquitectura 94
 exposición sobre el nacional socialismo (Deutsche Kinemathek) 32
 Haus der Wannsee-Konferenz 154-155
 Topographie des Terrors 134, 135
Pasaporte 170
Patinar por la noche 87
Patio porticado 35
Paulus, Katharina (Käthe) 65
Pei, I. M. 29
Pergamonmuseum 35, 36, 37, 54, 92
Pfaueninsel 66, 153
Pfefferberg 144
Philharmonie 46, 62, 72
Piano, Renzo 33
Picht, Oskar 65
Platz der Republik 24
Policía 172
Pop-Kultur 87
Porcelana
 compras 97
 Köngliche Porzellan-Manufaktur (KPM) 82
 Porzellankabinett (Charlottenburg) 43
Pórtico "Dem deutschen Volke" (Reichstag) 24
Porzellankabinett (Charlottenburg) 43
Postfuhramt 103
Potsdam 118
 ver también Potsdam y Sanssouci
Potsdam y Sanssouci 158-163
 dónde alojarse 177
 dónde comer 163
 itinerario 161
 lugares de interés 159-162
 plano 158-159
Potsdam, conferencia de 160
Potsdamer Platz **30-33**, 118
Potsdamer Stadtschloss 162
Prater 141, 143
Precios
 gasto medio diario 170
 transporte público 170
Prenzlauer Berg 69, 140-145
 dónde alojarse 177
 dónde comer 145
 itinerario 143
 lugares de interés 141-144
 plano 140
Prinz-Eisenherz-Buchhandlung 75
Productos de temporada 81
Propina 171

Proverbios flamencos (Brueghel) 48
Puerta de Brandeburgo (Potsdam) 162
Puerta de Brandeburgo 9, **22-23**, 60, 91, 95
Puppentheater-Museum 71

Q

Quartiere 205-207
　Friedrichstrasse 62

R

Rathaus Schöneberg 136
Rauch, Christian Daniel 91
Reforma 28, 29
Refugiados 11
Regalos 137
Reichstag **24-25**, 60, 84, 117, 119
Reichstag, cúpula del 12, 24
Reichstag, incendio del 10, 25
Rembrandt
　Retrato de Hendrickje Stoffels 48
Renaissance Theater 128
República Democrática Alemana 11
　DDR Museum 96
　Gedenkstätte Hohenschönhausen 148
　Stasi-Museum Berlin 149
República Federal de Alemania (Alemania Occidental) 11
　Alliertenmuseum 154, 155
Restaurantes
　centro de Berlín: en torno a Alexanderplatz 115
　centro de Berlín: Scheunenviertel 107
　centro de Berlín: Unter den Linden 99
　Charlottenburg y Spandau 131
　consejos para ahorrar 85
　Grunewald y Dahlem 157
　Käfer im Reichstag 25, 119, 121
　Konnopke's Imbiss 144
　Kreuzberg, Schöneberg y Neukölln 139
　Potsdam y Sanssouci 163
　Prenzlauer Berg 145
　sureste de Berlín 151
　Tiergarten y el Distrito Federal 121
Retrato de Hendrickje Stoffels (Rembrandt) 48
Retrato de Hieronymus Holzschuher (Durero) 48
Retrato de Martin Lutero (Cranach) 28
Retrato del mercader Georg Gisze (Holbein) 48
Riehmers Hofgarten 135

Ríos 67
Rogers, Richard 33
Ropa 82, 97, 113, 129, 137
Rosenthaler Strasse 37 y 39 105
Rote Kammer (Charlottenburg) 44
Rotes Rathaus 60, 109, 111
Running 87

S

Sage Club 76
Salón de Plenos (Reichstag) 24
Salud 172
Sammlung Scharf-Gerstenberg 57
Sanssouci
　Schloss Sanssouci 159, 161
　ver también Potsdam y Sanssouci
Sattler, Christoph 49
Savignyplatz 124
S-Bahn 168
S-Bahnhof Friedrichstrasse 96
Scharoun, Hans 49
Scheunenviertel *ver* Centro de Berlín: Scheunenviertel
Schinkel, Karl Friedrich 8, 43, 44, 118
Schlachtensee 67
Schlafzimmer der Königin Luise (Charlottenburg) 44
Schloss Babelsberg 161, 162
Schloss Bellevue 61
Schloss Cecilienhof 160, 161
Schloss Charlottenburg **42-45**, 60, 123
Schloss Charlottenhof 160
Schloss Glienicke 153, 155
Schloss Sanssouci 159, 161
Schlosskapelle (Charlottenburg) 42
Schlosspark (Charlottenburg) 43, 66
Schlosspark Sanssouci 84, 160
Schlossplatz 95, 111
Schlüter, Andreas
　estatua del Gran Elector 42
　Guerreros moribundos (relieves) 28, 29
Schneider, Romy 31, 32
Schöneberg 68, 132
　ver también Kreuzberg, Schöneberg y Neukölln
Schongauer, Martin
　El nacimiento de Cristo 48
Schönhauser Allee 141
Schorle 81
Schulhof 103, 105
Schwules Museum 75
SchwuZ 74
Sechstagerennen 87
Segismundo de Luxemburgo 45

Seguridad
　consejos oficiales 170
　seguridad personal 171-172
Seguros
　de vehículos 169
　de viaje 170-171
Senefelderplatz 143, 144
Shalekhet, instalación (Kadishman) 51
Siegessäule (columna de la Victoria) 60, 117, 119
Siegessäule (revista) 74
SilverFuture 75
SilverWings Club 76, 138
Sinagogas 58-59
　Neue Synagoge 59, 101, 103
　Synagoge Rykestrasse 58, 143
SO36 75, 138
Soldados saqueando una casa (Vrancx) 28
Solución Final 10
Sophie-Gips-Höfe 105
Sophienhöfe 105
Sophienkirche 104
Sophienstrasse 102
　22 y 22A 105
Sowjetisches Ehrenmal 118
Spandau
　centro histórico 124, 127
　itinerario 127
　y Berlín 124
　Zitadelle Spandau 122, 127
　ver también Charlottenburg y Spandau
Spätl (tienda de conveniencia nocturna) 85
Spezi 81
Spielbank Berlin 31, 33
Spindler & Klatt 76
Spree, río 67
　crucero 13
　embarcaderos 120
　Historischer-Hafen 112
St Matthäuskirche 47, 49
Staatsbibliothek 47
Staatsoper Unter den Linden 26, 72, 91
Stadtgericht 112
Stadtmauer 112
Stadtschloss 95
Stalin, Joseph 160
St-Annen-Kirche 156
Stasi-Museum Berlin 149
Stella, Franco 91
St-Hedwigs-Kathedrale 26, 58, 91
Stilwerk KantGaragen 83, 125, 129
Stiphout, Maike van 33
St-Peter-und-Paul-Kirche 156
St-Peter-und-Paul-Kirche (Potsdam) 162
Strandbad Wannsee 155

Índice

Striling, James 49
Stueck 75
Stüler, Friedrich August 49
Sureste de Berlín 146-151
   bares y discotecas 150
   dónde alojarse 177
   dónde comer 151
   itinerario 149
   lugares de interés 147-149
   plano 146-147
Synagoge Rykestrasse 58, 143

T

Tabaco 172
Tarjetas de crédito/débito 171
Tarjetas de descuento 85, 173
Tausend 77
Taut, Bruno 156
Taxis 168
Teatros *ver* Ocio
Technische Universität 128
Tegeler See, Alt Tegel 67
Teléfonos móviles 173
Telegrafenberg 162
Tempelhofer Feld 84, 87, 136
Teufelsberg 66, 156
Teufelsee, Grunewald 67
Thälmannpark 144
The Playce 31
Tiergarten y el Distrito Federal 116-121
   dónde comer 121
   itinerario 119
   lugares de interés 117-120
   plano 116-117
   tesoros escondidos 120
Tierpark Berlin 67
Tiziano
   Venus y el organista 48
Tom's Bar 75
Topographie des Terrors 134, 135
Torre del reloj (Kaiser-Wilhel-Gedächtnis-Kirche) 40
Torre en ruinas (Kaiser-Wilhel-Gedächtnis-Kirche) 40
Torreta de tráfico 38

Transporte público 23, 167-168
   billetes con descuento 85
   precios 166
Tranvía 168
Tren, viaje en
   internacional 166-167
   máquina de vapor (Deutsches Historisches Museum) 28
   regional y local 167-168
Treptow 69
Treptower Park 67, 148
Tresor Club 76
Triatlón de Berlín 87
Truman, Harry 160
Tucholskystrasse 104
Turca, comunidad 134
Turismo responsable 173
Türkenmarkt am Maybachufer 83, 137

U

U- y S-Bahnhof Alexanderplatz 113
U-Bahn 168
Ungers, O. M. 37
Universität der Künste 128
Unter den Linden 9, **26-29**, 91

V

V2, cohete 28
Vacunas 171
Van der Lubbe, Marinus 25
Vermeer, Johannes
   Dama bebiendo con un caballero 48, 56
Viaje
   cómo llegar y moverse 166-169
   consejos oficiales 170
   turismo responsable 173
Victoria Bar 79
Vida nocturna 13
   bares y discotecas 76-77
   centro de Berlín: Scheunenviertel 106
   Kreuzberg, Schöneberg y Neukölln 138
   sureste de Berlín 150

Viktoriapark 66, 134, 135
Villa von der Heydt 119
Vino 81
Virgen con el Niño y un coro de ángeles (Botticelli) 48
Volksbühne 73
Volkspark Friedrichshain 67
Vossstrasse 93
Vrancx, Sebastian
   Soldados saqueando una casa 28

W

Wasserturm 142, 143
Watergate 77
Watteau, Antoine 44
   La comedia francesa 48
Wedding 69
Weimar, República de 9, 10, 32
Weinbar Rutz 78
Weinhaus Huth 30-31
Weiße Kreuze Memorial 25
Wiene, Robert 32
Wieprecht, Wilhelm 65
Wifi 173
Wilhelmstrasse 93, 94
Winterfeldmarkt 83, 137
Winterkammern (Charlottenburg) 44
Wisniewski, Edgar 49
Wissenschaftszentrum 49
WMF-Haus 96
Wöhr, Wolfram 33

Z

Zeiss-Grossplanetarium 71, 144
Zeughaus 29, 61
Zionskirche 142, 143
Zitadelle Spandau 122, 127
Zona horaria 172
Zoo Palast 38
Zum Nußbaum 79
Zuse, Konrad 65
Zwiebelfisch 79

FRASES ÚTILES

En caso de emergencia

¿Dónde hay teléfono?	Wo ist das Telefon?
¡Ayuda!	Hilfe!
Avisen a un médico	Bitte rufen Sie einen Arzt
Llamen a la policia	Bitte rufen Sie die Polizei
Llamen a los bomberos	Bitte rufen Sie die Feuerwehr
¡Alto!	Halt!

Comunicación básica

Sí	Ja
No	Nein
Por favor	Bitte
Gracias	Danke
Perdón	Verzeihung
Hola	Guten Tag
Adiós	Auf Wiedersehen
Buenas tardes	Guten Abend
Buenas noches	Gute Nacht
Hasta mañana	Bis morgen
Hasta luego	Tschüss
¿Qué es eso?	Was ist das?
¿Por qué?	Warum?
¿Dónde?	Wo?
¿Cuándo?	Wann?
hoy	heute
mañana	morgen
mes	Monat
noche	Nacht
tarde	Nachmittag
mañana	Morgen
año	Jahr
allí	dort
aquí	hier
semana	Woche
ayer	gestern
noche	Abend

Frases habituales

¿Cómo estás? (informal)	Wie geht's?
Bien, gracias	Danke, es geht mir gut
¿Dónde es/están?	Wo ist/sind...?
¿Cuánto se tarda hasta...?	Wie weit ist es...?
¿Habla inglés?	Sprechen Sie Englisch?
No entiendo	Ich verstehe nicht
¿Podria hablar más despacio?	Könnten Sie langsamer sprechen?

Palabras útiles

grande	gross
pequeño	klein
caliente	heiss
frio	kalt
bueno	gut
malo	böse/schlech
abierto	geöffnet
cerrado	geschlossen
izquierda	links
derecha	rechts
todo recto	geradeaus

Para hablar por teléfono

Me gustaría llamar por teléfono	Ich möchte telefonieren
Probaré más tarde	Ich versuche noch ein mal später
¿Puedo dejar un mensaje?	Kann ich eine Nachricht hinterlassen?
contestador automático	Anrufbeantworter
tarjeta telefónica	Telefonkarte
auricular	Hörer
teléfono móvil	Handy
linea ocupada	besetzt
número erróneo	Falsche Verbindung

De visita

biblioteca	Bibliothek
entrada	Eintrittskarte
cementerio	Friedhof
estación de tren	Bahnhof
galería	Galerie
información	Auskunft
iglesia	Kirche
jardín	Garten
palacio/castillo	Palast/Schloss
plaza	Platz
parada de bus	Haltestelle
festivo nacional	Nationalfeiertag
teatro	Theater
entrada gratuita	Eintritt frei

De compras

¿Tiene(n)...?/ ¿Hay...?	Gibt es...?
¿Cuánto cuesta?	Was kostet das?
¿Cuándo abren/cierran?	Wann öffnen Sie? schliessen Sie?
esto	das
caro	teuer
barato	preiswert
talla	Grösse
número	Nummer
color	Farbe
marrón	braun

negro	schwarz	cucharilla	Teelöffel
rojo	rot	propina	Trinkgeld
azul	blau	cuchillo	Messer
verde	grün	entrante (aperitivo)	Vorspeise
amarillo	gelb	la cuenta	Rechnung
		plato	Teller
		tenedor	Gabel

Tipos de tienda

anticuario	Antiquariat
farmacia	Apotheke
banco	Bank
mercado	Markt
agencia de viajes	Reisebüro
grandes almacenes	Warenhaus
droguería	Drogerie
peluquería	Friseur
quiosco	Zeitungskiosk
librería	Buchhandlung
panadería	Bäckerei
oficina de correos	Post
tienda/comercio	Geschäft/Laden
tienda de fotografía	Photogeschäft
autoservicio	Selbstbedienungsladen
zapatería	Schuhladen
tienda de ropa	Kleiderladen / Boutique
tienda de comida	Lebensmittelgeschäft
cristal, porcelana	Glas, Porzellan

En el hotel

¿Hay habitaciones libres?	Haben Sie noch Zimmer frei?
¿con camas separadas?	mit zwei Betten?
¿con cama de matrimonio?	mit einem Doppelbett?
¿con baño?	mit Bad?
¿con ducha?	mit Dusche?
Tengo reserva	Ich habe eine Reservierung
llave	Schlüssel
conserje	Pförtner

Comer fuera

¿Tienen mesa para…?	Haben Sie einen Tisch für…?
Querría reservar una mesa	Ich möchte eine Reservierung machen
Soy vegetariano	Ich bin Vegetarier
¡Camarero!	Herr Ober!
La cuenta, por favor	Die Rechnung, bitte
desayuno	Frühstück
comida	Mittagessen
cena	Abendessen
botella	Flasche
plato del día	Tagesgericht
plato principal	Hauptgericht
postre	Nachtisch
copa	Tasse
carta de vinos	Weinkarte
jarra	Krug
vaso	Glas
cuchara	Löffel

Para entender el menú

Aal	anguila
Apfel	manzana
Apfelschorle	zumo de manzana y agua con gas
Apfelsine	naranja
Aprikose	albaricoque
Artischocke	alcachofa
Aubergine	berenjena
Banane	banana
Beefsteack	filete
Bier	cerveza
Bockwurst	tipo de salchicha
Bohnensuppe	sopa de alubias
Branntwein	licores
Bratkartoffeln	patatas fritas
Bratwurst	salchicha frita
Brötchen	bollo de pan
Brot	pan
Brühe	caldo
Butter	mantequilla
Champignon	champiñón
Currywurst	salchicha al curri
Dill	eneldo
Ei	huevo
Eis	hielo/ helado
Ente	pato
Erdbeeren	fresas
Fisch	pescado
Forelle	trucha
Frikadelle	albóndiga
Gans	oca
Garnele	langostino
gebraten	frito
gegrillt	al horno
gekocht	cocido
geräuchert	ahumado
Geflügel	ave
Gemüse	verduras
Grütze	gachas
Gulasch	*goulash*
Gurke	pepinillo
Hammelbraten	cordero asado
Hähnchen	pollo
Hering	arenque
Himbeeren	frambuesa
Honig	miel
Kaffee	café
Kalbfleisch	ternera
Kaninchen	conejo
Karpfen	carpa
Kartoffelpüree	puré de patatas
Käse	queso
Kaviar	caviar
Knoblauch	ajo
Knödel	fideo
Kohl	repollo
Kopfsalat	lechuga
Krebs	cangrejo
Kuchen	pastel
Lachs	salmón
Leber	hígado

mariniert	marinado		
Marmelade	mermelada		
Meerrettich	rábano picante		
Milch	leche		
Mineral-	agua mineral		
wasser			
Möhre	zanahoria		
Nuss	nuez		
Öl	aceite		
Olive	oliva		
Petersilie	perejil		
Pfeffer	pimiento		
Pfirsich	melocotón		
Pflaumen	ciruela		
Pommes frites	patatas fritas		
Quark	queso fresco		
Radieschen	rábano		
Rinderbraten	ternera asada		
Rinderroulade	rosbif		
Rindfleisch	carne de ternera		
Rippchen	costilla de cerdo		
Rotkohl	col lombarda		
Rüben	nabo		
Rührei	huevos revueltos		
Saft	zumo		
Salat	ensalada		
Salz	sal		
Salzkartoffeln	patatas cocidas		
Sauerkirschen	cerezas		
Sauerkraut	chucrut		
Sekt	vino espumoso		
Senf	mostaza		
scharf	picante		
Schaschlik	kebab		
Schlagsahne	nata montada		
Schnittlauch	cebollino		
Schnitzel	costilla de cerdo /ternera		
Schweinefleisch	carne de cerdo		
Spargel	espárrago		
Spiegelei	huevo frito		
Spinat	espinaca		
Tee	té		
Tomate	tomate		
Wassermelone	sandía		
Wein	vino		
Weintrauben	uvas		
Wiener Würstchen	salchicha de Frankfurt		
Zander	lucio		
Zitrone	limón		
Zucker	azúcar		
Zwieback	biscote		
Zwiebel	cebolla		

Números

0	null
1	eins
2	zwei
3	drei
4	vier
5	fünf
6	sechs
7	sieben
8	acht
9	neun
10	zehn
11	elf
12	zwölf
13	dreizehn
14	vierzehn
15	fünfzehn
16	sechzehn
17	siebzehn
18	achtzehn
19	neunzehn
20	zwanzig
21	einundzwanzig
30	dreissig
40	vierzig
50	fünfzig
60	sechzig
70	siebzig
80	achtzig
90	neunzig
100	hundert
1.000	tausend
1.000.000	eine Million

El tiempo

un minuto	eine Minute
una hora	eine Stunde
media hora	eine halbe Stunde
lunes	Montag
martes	Dienstag
miércoles	Mittwoch
jueves	Donnerstag
viernes	Freitag
sábado	Samstag/ Sonnabend
domingo	Sonntag
enero	Januar
febrero	Februar
marzo	März
abril	April
mayo	Mai
junio	Juni
julio	Juli
agosto	August
septiembre	September
octubre	Oktober
noviembre	November
diciembre	Dezember
primavera	Frühling
verano	Sommer
otoño	Herbst
invierno	Winter

AGRADECIMIENTOS

Edición actualizada por
Colaboraciones Petra Falkenberg, Gabby Innes, Alexander Rennie
Edición sénior Alison McGill, Zoë Rutland
Diseño sénior Laura O'Brien, Vinita Venugopal, Ira Sharma
Edición Ilina Choudhary, Lucy Sara-Kelly
Documentación fotográfica Taiyaba Khatoon
Documentación fotográfica sénior Nishwan Rasool
Asistencia en documentación fotográfica Manpreet Kaur
Diseño de cubierta Laura O'Brien
Documentación fotográfica de cubierta Laura Richardson
Cartografía Simonetta Giori, Suresh Kumar, James MacDonald
Diseño DTP sénior Tanveer Zaidi
Diseño DTP Rohit Rojal, Ashok Kumar, Syed Md Farhan
Retoque de imágenes Pankaj Sharma
Producción sénior Samantha Cross
Responsables editoriales Shikha Kulkarni, Beverly Smart, Hollie Teague
Edición de arte Gemma Doyle
Edición de arte sénior Priyanka Thakur
Dirección de arte Maxine Pedliham
Dirección editorial Georgina Dee

DK quiere dar las gracias a las siguientes personas por su contribución en ediciones anteriores:
Petra Falkenberg, Anna Streiffert

La editorial quiere agradecer a las siguientes personas, instituciones y compañías el permiso para reproducir sus fotografías:

(Leyenda: a-arriba; b-abajo; c-centro; f-extremo; l-izquierda; r-derecha; t-superior)

123RF.com: fritzundkatze 153br, jarino47 51t, stavrida 84.

Alamy Stock Photo: © Adam Eastland 156, Agencja Fotograficzna Caro / Christoph Eckelt 107, Agencja Fotograficzna Caro / Muhs 121, Agencja Fotograficzna Caro / Ponizak 139, Agencja Fotograficzna Caro / Schwarz 26cla, Agencja Fotograficzna Caro / Sorge 31tr, Art Kowalsky 97, Bildagentur-online 33cr, Bildagentur-online / Joko 39tr, Bildagentur-online / Joko 94, Bildagentur-online / McPhoto 44b, Bildagentur-online / Schoening 99, Bildagentur-online / Schoening 124, Bildagentur-online / Schoening 142, Eden Breitz 105t, Eden Breitz 105b, Eden Breitz 106t, Jo Chambers 39cra, charistoone-images 60b, CMA / BOT 28b, Ian G Dagnall 85, Peter Delius 34-35t, dpa picture alliance 154–155b, edpics 70b, edpics 71b, Oscar Elías 34b, EPX 23br, FALKENSTEINFOTO 9tl, Folio Images 38, Eddy Galeotti 12br, Angela Serena Gilmour 40, Angela Serena Gilmour 47b, Andrew Hasson 13cl, Borgese Maurizio / Hemis.fr 120t, Hauser Patrice / Hemis.fr 129, Maisant Ludovic / Hemis.fr 13tl, Serrano Anna / Hemis.fr 63b, Juergen Henkelmann 37b, Juergen Henkelmann 39cla, Historic Images 9cr, Peter Horree 106b, IanDagnall Computing 10cl, Image Professionals GmbH / travelstock44 25br, Imagebroker / Arco / Schoening 13clb (9), Imagebroker / Arco / Schoening Berlin 17, imageBROKER / Henning Hattendorf 95tl, imageBROKER / Karl-Heinz Spremberg 104, imageBROKER / Schoening 119tl, imageBROKER / Schoening 157, imageBROKER / Schoening Berlin 79b, imageBROKER.com GmbH & Co. KG / Norbert Michalke 11, imageBROKER.com GmbH & Co. KG / Peter Schickert 143tl, Imago 125b, INTERFOTO / Personalities 45, Joko 103b, Jon Arnold Images Ltd / Michele Falzone 53, Albert Knapp 56t, Lebrecht Music & Arts 10br, Iain Masterton 35b, Iain Masterton 46b, Iain Masterton 47t, Iain Masterton 56b, Iain Masterton 136, Iain Masterton 149b, mauritius images GmbH / Rene Mattes 27t, Niday Picture Library 8, Cum Okolo 13cla, Werner Otto 41b, Panther Media GmbH / Joerg Hackemann / meinzahn 63t, peter.forsberg 69t, Pictorial Press 32b, Pictorial Press 64t, Pictorial Press 65, Pictorial Press Ltd 10tl, PjrArt 127b, robertharding / Frank Fell 13bl, robertharding / Frank Fell 66, S.Popovic RM 98, Joern Sackermann 25t, Schoening 114, Schoening 128, Michael Kuenne / PRESSCOV / Sipa USA 30b, Dave Stamboulis 101, Marek Stepan 102, travelstock44.de / Juergen Held 68, travelstock44.de / Juergen Held 83b, travelstock44.de / Juergen Held 113t, travelstock44.de / Juergen Held 151, Urbanmyth 12cr, UtCon Collection 9tr.

Ankerklause: Wolfgang Borrs 138t.

AWL Images: Sabine Lubenow 6–7.

Berlinale: Andreas Teich 86.

Agradecimientos

Berliner Kaffeerösterei: 130.

Depositphotos Inc: Patryk_Kosmider 91, maxsol7 81b.

Deutsche Kinemathek: Hans Scherhaufer 32t.

Deutsche Oper: Marcus Lieberenz 72.

Dreamstime.com: 54, AGfoto 81t, Belusuab 74t, Cbechinie 115, Ccat82 117t, Claudiodivizia 49cr, Danielal 13clb, Danielal 144b, Davidstiller 31cb, Dennis Dolkens 21br, Draghicich 153t, Elenaburn 110t, Elxeneize 10bl, Elxeneize 89, Erix2005 162, Santiago Rodríguez Fontoba 59b, Giuseppemasci 58, Diego Grandi 16tl, Diego Grandi 42br, Diego Grandi 43b, Gunold 113b, Hanohiki 57b, Hel080808 93b, Javarman 111b, Josefkubes 141b, Junede 126-127t, Konrad Kerker 123t, Sergey Kohl 87, Anna Krivitskaia 37tl, Madrabothair 23bl, Vasilii Maslak 14cb (Philharmonie), Mateuszolszowy 49b, Aliaksandr Mazurkevich 70t, Mistervlad 160, Mistervlad 161b, Jaroslav Moravcik 14bc, Luciano Mortula 55t, Luciano Mortula 133t, Luciano Mortula 147t, Peter Moulton 27b, NGSpacetime 110b, Sergiy Palamarchuk 12cra, Anna Para 37cl, Sean Pavone 159t, Pundapanda 67, Roberto Rizzi 80, Rudi1976 60t, Sergiomonti 23cb, Sylvaindeutsch 62t, Tomas1111 92, Val_th 141t, VanderWolfImages 16ca, Hilda Weges 109t, Sylvia Wendorf 144t, Kim Willems 26b, Wirestock 20cla, Noppasin Wongchum 12crb, Yorgy67 44t, Alex Zarubin 118.

Getty Images: AFP / - / Stringer 64b, Corbis Documentary / Maremagnum 30t, Sean Gallup / Staff 28t, Hulton Archive / Estate of Emil Bieber / Klaus Niermann 9br, Hulton Fine Art Collection / Fine Art Images / Heritage Images 48b, Hulton Fine Art Collection / Heritage Images 29, Moment / RICOWde 33b, The Image Bank / Grant Faint 165, Schöning / ullstein bild 154t, Westend61 148–149t.

Getty Images / iStock: Andrey Danilovich 83t, E+ / mbbirdy 19, E+ / Nikada 5, Heiko119 16crb, holgs 20br, ka_ru 120b, Nikada 21clb, Noppasin 14cb, Leonardo Patrizi 22, Robert Wygoda 21ca.

Gugelhof: 145.

Restaurant & Café Heider: 163.

HoW: 76.

Jewish Museum Berlin: Spertus Institute Chicago / Roman März 51br, Yves Sucksdorff 50–51b.

Klunkerkranich: Julian Nelken 138b.

Matrix: 150.

Mein Haus am See: 77t.

Overkill GmbH: 137.

Restaurant Lubitsch Berlin: 131.

Robert Harding Picture Library: Ingo Schulz 41t.

Schwules Museum: Tobias Wille 75.

Shutterstock.com: Alizada Studios 36, KievVictor 96, LuisPinaPhotography 112, Grzegorz_Pakula 42–43t, Ugis Riba 24–25b, Manfred Roeben 134, Scharfsinn 16cla, Noppasin Wongchum 15.

Victoria Bar: 79t.

Mapa desplegable:
Unsplash: Florian Wehde.

Cubierta:
Delantera y lomo: **Unsplash:** Florian Wehde.
Trasera: **Alamy Stock Photo:** robertharding / Frank Fell tl; **Getty Images / iStock:** E+ / mbbirdy cl, Leonardo Patrizi tr.

Resto de imágenes: © Dorling Kindersley Limited

Toda la información de esta Guía Top 10 se comprueba regularmente.
Se han hecho todos los esfuerzos para que esta guía esté lo más actualizada posible a fecha de su edición. Sin embargo, algunos datos, como números de teléfono, horarios, precios e información práctica, pueden sufrir cambios. La editorial no se hace responsable de las consecuencias que se deriven del uso de este libro, ni de cualquier material que aparezca en los sitios web de terceros, además no puede garantizar que todos los sitios web de esta guía contengan información de viajes fiable. Valoramos mucho las opiniones y sugerencias de nuestros lectores.
Puede escribir al correo electrónico:
travelguides@dk.com

De la edición en español
Servicios editoriales Moonbook
Traducción DK
Coordinación editorial Cristina Gómez de las Cortinas
Dirección editorial Elsa Vicente

Impreso y encuadernado en China

Publicado originalmente en
Gran Bretaña en 2002
por Dorling Kindersley Limeted DK,
20 Vauxhall Bridge Road,
London, SW1V 2SA, UK

Copyright © 2002, 2024 Dorling
Kindersley Limited
Parte de Penguin Random House

Título original DK Top 10 Berlin
Decimosexta edición, 2025

Todos los derechos reservados.
Queda prohibida salvo excepción prevista en la ley, cualquier
forma de reproducción, distribución, comunicación pública
y transformación de esta obra sin contar con la autorización
de los titulares de la propiedad intelectual.

La editorial no se hace responsable de las consecuencias que se
deriven del uso de este libro, ni de cualquier material que aparezca
en sitios web de terceros, y no puede garantizar que las páginas web
que se citan en esta guía contengan información de viajes adecuada.

ISBN: 978-0-241-73570-1

Este libro se ha impreso con papel
certificado por el Forest Stewardship
Council™ como parte del compromiso
de DK por un futuro sostenible.
Para más información,
visita www.dk.com/uk/
information/sustainability